年収350万の会社員でも
堅実にできる投資術
2倍株をつかめ! 儲かる株
のトリセツ

日本超人氣投資 Youtuber

Pontiyo

社畜的
股票攻略說明書

月收2萬5，也能讓可愛的錢一直流進來

我是社畜，我要擺脫領「死薪水」的人生！
只要這一本，股市知識全帶走！

張瑜庭———譯

社畜的股票
攻略說明書
C O N T E N T S

3章 駕馭技術面分析

4章 學會基本面分析

5章 聰明投資的思維

前言
投資的基本須知

「就算不容易，我也想要降低投資新手的門檻」——發起這個理念後，我當上了 YouTuber，目前已經在「【投資家】ぽんちよ」頻道發布了 250 支以上的影片。影片主題包山包海，有少額投資非課稅制度（NISA）[1]、基金、虛擬貨幣、美股、日股、ETF 等等。

但別看我現在是「教人投資的 YouTuber」，其實我一開始對於投資可說是一無所知。說起來很慚愧，我剛開始投資的時候，什麼都不懂就把錢投進去了。

一開始投資的確是有不少獲利啦，不過新手運可沒這麼持久。漸漸地虧損愈來愈多，於是我一邊感嘆怎麼賠這麼多，一邊開始學習起技術面分析和基本面分析。

學著學著，我了解到防止投資失敗的「投資基礎知識」「投資訣竅」「重要指標」，這些基礎知識化為我分析個股的武器。在去年一整年，我持有的 6 檔個股，每一

1　面向個人投資者的稅制優遇制度。只要是日本在住且年滿 20 歲人士，在 2014 至 2023 年間中 5 年間內，投資股票、基金等而獲得的股利、股息紅利等收益可享有每年 120 萬日圓（約新台幣 26 萬）的非課稅投資額度（最大 600 萬日圓〔約新台幣 132 萬〕上限）。

檔都是買進之後股價翻倍的 2 倍股。

　　我猜拾起這本書的各位讀者都在學習投資的道路上，希望「盡可能提高勝率」「想靠股票賺大錢」吧。各位雖然將學來的知識當作武器，但不論是誰，一開始都是「投資新手」，就算歷經了很多次失敗，仍繼續投身股市。

　　不過，容我多嘴提醒各位，在投資的世界，失敗就會虧損，會讓自己的資產減少。這跟我們小時候學習騎腳踏車「即使跌倒了，再站起來就好」可不一樣，投資失敗等於是以虧損的形式繳交高額學費啊！如果你是還沒學習過投資知識，只是覺得「付多少學費都無所謂」「總之趕快來買股票」，便把資金投入，那我也不會阻止你。不過我就是在一無所知的狀態下開始投資，所以付了很多學費，然後才開始一邊學習「投資的基礎知識」。如果透過這本書，將我一邊經歷失敗一邊學習的「最低限度的基礎知識」和「投資訣竅」分享給你，我想你在開始投資的路上應該就可以不用經歷相同的失敗（繳交無謂的學費）了。

◤ 扎實的基本功

　　講一個和投資不太相關的故事，我在高中的時候是籃球社的成員，當時的 NBA（美國職籃）有一位明星球員

叫做提姆‧鄧肯（Tim Duncan），他的外號是「the Big Fundamental」。Fundamental 在英語裡有「基礎、基本」的意思，由於提姆‧鄧肯總是以扎實的基本功得分，不使用華麗的技巧，所以得到了這個外號。

我當時認為，得分當然就要用豪邁灌籃或長距離投籃這種華麗技巧才帥，但現在的我覺得像提姆‧鄧肯這種基本功扎實的球員打起球來也很賞心悅目，值得受尊敬。提姆‧鄧肯能在長達二十年的職涯中活躍於頂級聯盟，我想就是因為他把籃球的基礎和基本功磨練到了極致。

「基礎、基本功」的重要性不只在籃球的世界，也同樣適用於投資這個領域。只要我們確實練好基礎和基本功，就能躲開投資新手容易發生的失敗，也能避免年輕衝動的投機賭博心態。當我們能藉由投資確實累積長期資產，那麼年報酬率 20% 也許不再只是白日夢。

如果我把書名改成《掌握 10 倍股、百倍股的題材股》或是《今年最賺錢的是這 3 檔股票》，說不定會吸引到更多人購買這本書。但是，介紹那種曇花一現的個股，不能成為我們長期武器的「投資基礎、基本功」。

我希望透過本書傳授投資的扎實基本功，讓它變成你累積長期資產的武器，甚至未來還能運用這套基本功自行

分析個股。

◼ 學習投資時會遇到的障礙

在一無所知下投資的我當時認為一定要學做股票，所以廣泛瀏覽解說投資的網站，也廣讀有關投資的書。現在「投資類頻道」愈來愈多，觀看 YouTube 影片或許也是可行的方法。不過，不管是哪一種學習管道，「要學什麼」和「什麼才是重要的」總是令投資新手感到很困惑吧。

如果在證券公司或金融機構工作的話，也許會有主管指示一條明路，告訴我們「這很重要所以要學」，但像我這種年收 350 萬日圓（約新台幣 77 萬）的普通上班族可沒機會遇上這種主管。而且，在投資的世界，基本面分析就有「本益比」「資產負債表」「自有資金比例」「ROE」這些術語，技術面分析也有「RSI」「移動平均線」「三角型態」等等，這麼多不常見的用語，想必讓很多人感到絕望和挫折。

我發現，學習投資時會面臨的其中一個問題是缺乏一網打盡的解說內容。我一開始學投資的時候接觸的是「基本面分析」，也就是從企業的財務狀況分析個股。我廣泛閱讀了講解基本面分析的書和網站，卻疏忽了從股價變化預測買賣時機的「技術面分析」，導致我就算找到業績表

現優良的個股，也總是買在高點。

　　如果我一開始就扎實學習基本面分析和技術面分析，大概就不會遭遇這種挫敗了吧。但是，市面上多數解說投資的網站和書籍不是偏重「基本面分析」，就是偏重「技術面分析」，很少有同時完整解說兩者的媒材。

　　所以，本書希望完整介紹技術面分析和基本面分析的基礎知識。另外，雖然講解技術面分析的書會介紹相關用語和使用方式，但不會教我們該看財報的什麼地方，就算我們學會相關知識，也無法實際分析個股。為了避免這類問題發生，本書會說明「該去哪些網站查詢」「該閱讀財報的什麼地方」，希望各位讀者能確實活用習得的知識。

　　願本書能成為各位投資路上的助力。

關於股票的基礎知識

「股票這種東西，到底是以什麼機制讓人賺錢的？」在學習如何靠股票獲利之前，先來認識股票是什麼吧。

為什麼投資股票 能增加資產？

為了「增加」資產的行為就是投資

常有人說：「『投資股票有賺有賠』，投資股票就像是賭博一樣。」但是，賭博和投資在本質上的目的和機制並不相同。

如果說賭博是「娛樂」的話，那投資就是成為投資標的企業的股東，參與那間公司的經營。同時，投資也能幫助個人進行「資產運用」。

另外，你一定也聽過「比起投資股票，把錢存在銀行安全多了」的說法，不過，現在利率那麼低，就算把錢放在銀行，也不太能增加你存摺裡的數字。

不管你是要結婚、買房，還是為了將來的退休生活，單靠「存錢」和「省錢」並無法準備足夠的錢，因此，或多或少地「增加」資產就很重要了。我希望你可以考慮用投資股票的方式來增加你的資產。

■ **資本利得的架構**

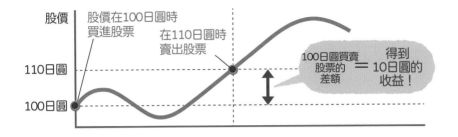

當然，投資股票可能會虧損（這就是風險）。所以說，事先做功課決定要投資什麼就很重要了。另外，像是分配多少錢投資在什麼商品上，這種考慮風險與報酬的平衡也會愈來愈重要。

如果你現在手上有「目前不打算使用的錢」或是「閒錢」，將那些錢拿去投資的話，就有機會增加資產（獲利）了。

現金股利與資本利得

投資股票所獲得的收益分為兩種──「現金股利」和「資本利得」。

投資股票時，「現金股利」指的是企業將盈餘以現金

形式配發給股東。企業在發布財報時，會決定依照股東持有的股數，將公司的獲利分配給股東，這分配出去的錢就稱為「現金股利」。另外，股東優惠也算在現金股利裡面。因為是企業分配獲利，如果企業不賺錢，就不會有現金股利。

「資本利得」指的是買賣股票的價格差額所產生的獲利。當你預期股票會上漲於是買進股票，在股價上漲時賣出就能獲利（又稱為「上漲收益」）；但如果股價比你買進時的價格還低，那就會產生虧損，稱為「資本損失」。

要想靠資本利得提升獲利，就必須判斷股價會上漲的企業，以及上漲的時機。關於判斷時會用上的「技術面分析」和「基本面分析」，我會在第 3 章和第 4 章詳細介紹。

我們能買哪些企業的股票？

股票上市必須經過證券交易所審核

要獲得企業的股票，有兩種方法。一個是募集資金的企業發行股票，讓我們從企業手上得到股票。另一個方法是持有股票的人賣出股票，讓我們從他們手上買進股票。

企業上市之後，我們就能在證券交易所買賣企業發行的股票。這裡的上「市」，指的就是「股票市場」。

那麼，任何企業都能立即上市發行股票嗎？答案是「不」。企業要上市，必須經過證券交易所這關！證券交易所會嚴格檢查企業的經營事業是否適當、合法，通過審核之後才能上市。而證券公司則是股票的仲介，負責將企業的經營狀況和未來展望等資訊告訴投資人，替我們確認哪些是可以投資的公司。

企業上市後能獲得的好處

　　企業獲得上市資格（上市公司）後，社會信用也會跟著變高。這不僅有助於開發客戶和供應商，也容易吸引到優秀的求職人才，還能更順利擴大事業規模，像是和其他公司進行業務合作、資金合作等等。

　　另外，上市公司籌資的方法也比較多，除了一般跟銀行貸款的做法，還多了發行新股的選項，此法可以從很多投資人身上籌到資金。發行股票籌資和銀行貸款很不同，因為不需要償還，所以企業很容易利用這些資金投入長期專案。這也是為什麼有些企業一上市股價就很高，因為企業在上市之後的未來備受投資人期待。

　　順便介紹日本股票市場的分類：

　　「一部」主要是大企業的市場，所以審核標準非常嚴格。「二部」主要是給中型企業上市的市場，因為審查標準沒有一部嚴格，許多企業都會先在二部上市。「MOTHERS」[1]又稱為「創業板市場」，新創企業會在這裡上市。有別於一部和二部的審核標準，MOTHERS 判斷

1　是指專門協助高成長的新興創新公司，特別是高科技公司籌資進行資本運作的市場。於 1999 年 11 月成立，提供未達市場第一、二部的上市標準的企業在此掛牌交易，但是要求發布比市場第一、二部更為嚴格的資訊，除第 1、3 季度的業績外，一年需召開 2 次以上的公司說明會。

的是公司的成長性，由於這些公司的性質，MOTHERS 成
為了股價變動相當激烈的市場。當有人說「我在一部上市
公司工作」，會給人很優秀的印象，畢竟是通過嚴格審核
標準的公司。

不上市的好處

不過，不是所有優秀的企業都一定想上市。因為上
市公司有義務公開財報資訊（也就是一整年的收益和虧
損），而且每三個月就要公布財報，所以有些大企業為了
躲避製作財報的麻煩和成本，會決定不要上市。另外，發
行股票也代表股東人數會增加，換句話說，對公司的經營
出意見的人會變多。有些企業的經營團隊擁有很明確的經
營策略，反而會認為不上市比較有利，因為這樣就不會被
股東的意見影響了。

為什麼股價會變動？

股價隨著想買賣股票的人數多寡而變化

　　如同我先前所說的，投資人在證券交易所買賣股票，不過股票數量是有限的。如果有很多人都想買股票，其中一個人說「我要用更高的價格買」，那股價就會上漲。反過來也是，如果很多人都想賣股票，股價就會愈來愈低。所以，股價總是在變化。你所看到的「現在股價」只是最後一筆交易成立的價格，當你真的要買進時，股價變得更貴也是常有的事。

　　那麼，有什麼事情會讓買股票的人變多呢？其中一個是公布財報。

賺的錢變多的企業，股價會上漲

　　如果企業賺的錢變多，那在公布財報後，股東就能獲

得更多的股利。就算到時候企業不發股利給股東，企業也會將賺來的錢有效利用於擴展自家事業，股東將來更有可能得到更多股利。

所以，如果企業公布財報確定「賺的錢變多」，那麼想買那間企業所發行的股票的投資人就會增加。想買的人增加，股價就會上漲；其他人看見股價上漲之後，會認為「只要現在先買進，未來應該會漲得更多」而紛紛買進這檔股票。

反過來說，當企業的收益減少，股東就會想把手上持有的股票賣出，不過因為這檔股票變得沒有以前受歡迎，想買它的人也減少，所以股價會下跌。當股價下跌，其他投資人不看好這檔股票的前景，股價會跌得更深，陷入負面連鎖反應。

「將來會增加收益」的期待也會讓股價上漲

剛才說的財報代表企業增加收益是既定的事實，不過要是等到財報公布之後才去買賣股票，不會落後其他投資人一大截嗎？所以，有很多投資人會基於「這間企業將來

會增加收益」的期待，而去買進股票。這份期待的基礎稱為「題材」。

比如說，A 公司推出劃時代商品，而且一炮而紅，那 A 公司接下來公布的財報內容應該是大幅增加收益吧。投資人因為這樣的預期，再加上看到許多人搶買這家公司的股票，或是在 A 公司推出劃時代商品時就買進 A 公司的股票，這些舉動都會讓股價愈來愈高。換句話說，股價會因為一群投資人的期待而變化。

會讓人期待企業增加收益的新聞稱為「好題材」，反過來則稱為「壞題材」。

買賣股票時，不只要看那間企業當下的消息，也必須收集以前的變化、未來的變化等一定期間的消息，想必你已經明白這個道理了吧。

股價會受到財報的內容以及投資人的期待影響而變化。收集「題材」盡早買賣，就是靠股票獲利的祕訣！

投資股票成功和失敗的人之間，有什麼不同？

1章

關於股票的基礎知識

先做功課再買股

　　我在先前說過「投資人根據題材買賣股票」，不過光憑新聞報導一間公司新商品開賣，就決定買進那間公司的股票，就算因此短暫獲利，也未必就能持續勝出。另外，有人會聽從熟人推薦而買股票，但別人說什麼你就買什麼也不是很好的做法。

　　我建議你一定要在買進股票之前先調查那間公司的消息，找到自己心裡覺得公司會成長的證據，然後再買進股票。這樣就算未來的股價走向預測錯誤，你也還有機會發現走向不同的原因，當作下次投資同類企業的參考。

　　一開始模仿別人也沒關係，了解別人用什麼標準衡量投資，你就能更接近致勝之路。

仔細查看線圖、新聞！

　　請每天查看線圖變化，除了確認股價漲跌，更理想的是調查「漲跌的原因」。你也可以在社群媒體上搜尋企業名稱或股票代號，因為有些人會在社群媒體上分析股價變動的原因。

　　另外也要仔細看新聞，尋找能反映在股價上的題材。除了電視新聞和報紙，有時候我們也能在日常生活中找到意外的題材，例如通勤時看見新分店開幕，或是和同事閒聊時出現的話題，總之請隨時啟動你的天線。

在勝負之前，享受過程！

　　雖然投資股票的目的是賺錢，不過經常失敗的其中一種典型投資人就是「滿腦子都是錢」。這種人會為了反敗為勝而失去冷靜，看不見壞題材，光憑幾個好題材就買進股票，也會反過來在偶爾賺錢時興奮過頭，不經思考就瘋狂把錢投入類似的企業。

　　畢竟是投入自己的錢，當然要認真以對了。不過，我個人強烈建議你一定要重視「享受投資股票這檔事」。這不只能增強你的信心，也一定會讓你更容易從投資股票中賺到錢。

　　你可以藉由公司的財報，認識公司的商業模式等「與公司有關的故事」。用這個方法挖掘出有望長期成長的企業，是非常好玩的作業。另外，股價變動也會受到投資人的預期心理影響，尤其如果你做的是短期投資的話，透過預測「其他投資人的心理」應該能提升勝率。

　　換句話說，投資可以說是一種「益智遊戲」，著重於判讀公司的故事和其他投資人的心理。請一邊享受這個「益智遊戲」，一邊藉由投資增加資產吧！

單靠投資，
能達成「FIRE」嗎？

擬定目標並配合目標投資很重要。

「FIRE」是指「Financial Independence, Retire Early」，也就是「財富自由，提早退休」的意思。

「FIRE」原本是在美國還有歐洲掀起的熱潮，不過現在因為新冠肺炎增加我們在家工作的機會，使我們的生活方式發生大幅變化，在日本也漸漸有人關注「FIRE」。

我現在（2021 年 6 月）是 27 歲，我以 FIRE 為目標進行了各種投資方式，目前已經獲得財富自由，是提早退休的狀態。所以，也許有人會覺得我寫這本書是要教大家怎麼靠投資達成「FIRE」。

理論上，這是有可能達成的，但是投資也是一種經濟活動，所以投入愈多，報酬才會愈高。我推薦的指數化投資風險很低，但相對地報酬並不高。如果每個月投資 30 萬或 50 萬日圓（約新台幣 7 至 10 萬）也許會有不錯的回報，但大部分的上班族就算投入自己的薪水，也很難一口

氣賺進大把鈔票。

　　如果想靠投資達到「FIRE」，就要精準計算自己的年齡和資產，根據這些數據進行投資規劃。

　　能達到「FIRE」的投資有百百種，投資的目標也不只有「FIRE」。我建議你用小筆資金嘗試各種類型的投資，找到適合自己的投資方式。

2章

實際開始
投資

認識股票是什麼之後，就可以開始投
資啦。除了投資新手外，已經有投資
經歷的人也來複習投資的基礎知識吧。

如何開始投資？

投資的第一步其實很簡單，我們來看看以下基本流程。

① 到證券公司開戶

雖然股票交易發生在證券交易所，但我們並不會直接跑到證券交易所跟企業的員工買賣股票，而是在證券公司進行交易。

證券公司會受理想買賣股票的委託單，並且負責將委託單交給證券交易所。所以我們必須先在證券公司開戶。

② 決定要買進的股票，然後下單

開好戶之後，就可以決定要買進的股票。在日本可以買的股票有將近 4,000 檔[1]。選股是股票交易中最關鍵，也

---

1 截至 2022 年 11 月，台灣上市公司共有 971 家、上櫃公司 804 家。

最深奧有趣的作業。

　　決定好要買哪間公司的股票之後，就可以實際操作下單。基本上會使用電腦，對證券公司輸入想買的股票和價格、數量，這樣就算完成下單。下單類型有分「限價單」「市價單」「停損停利單」，我會在後面章節說明給你聽。

■ 證券公司是什麼？

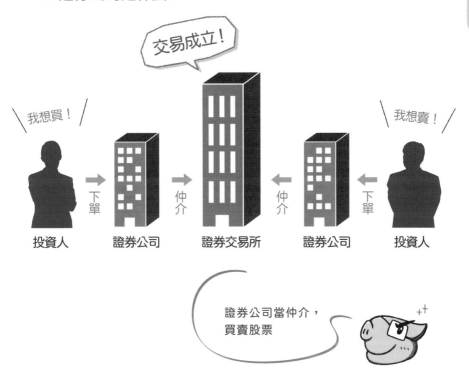

交易成立！

我想買！　　　　　　　　　　　　　　　　　我想賣！

投資人　　證券公司　　證券交易所　　證券公司　　投資人

下單　　仲介　　仲介　　下單

證券公司當仲介，
買賣股票

另外，就像商店設有營業時間，股票也有固定的交易時間。不同的證券交易所設有不同的交易時間，東京證券交易所（簡稱「東證」）是上午 9:00 至 11:30（上午盤）以及中午 12:30 至下午 15:00（下午盤）[2]。

❸ 交易成立

不過，下單之後未必就能買到股票。股市的機制是當持有股票的人想賣的價格，與下單買進的價格互相妥協後，交易才會成立。愈是熱門的股票，下單的人就愈多，價格也會變高。比起「已知熱門的股票」，找出「將來會變熱門的股票」，才是靠股票獲利的不二法門。

❹ 將持股賣出

持有股票後，請時常確認股價變化，在上漲到令你滿意的價格時賣出吧。順利成交後，賣出的價格與你買進時的差額就是獲利（實際上還會扣掉手續費等費用）。

2　台灣股票交易時間為週一到週五上午 9:00 至下午 1:30

以上就是投資的基本流程。如果你用網路下單，那只要手上拿著一台筆電或手機，就能在任何時候、任何地方進行交易。而且，網路下單的手續費比較便宜，操作下單的速度也快，有指定價格自動買賣的系統，還能即時掌握最新消息，這麼多好處很吸引人吧！

短期投資與長期投資

投資股票有兩種，「短期投資」的作法是當股票上漲就立刻賣出；「長期投資」則是等待投資的企業將來有所成長，並因此帶動股價上漲。如果你選擇短時間買賣股票的「短期投資」，那麼「找到股價很快就會上漲的股票」和「不錯過賣出時機」這兩點就非常重要。

採用短期投資的人一般會在買進後幾天賣出，甚至當天就賣出，所以能馬上實現損益，這是它的優點。就算真的虧錢，也能運用賣出拿回的資金開啟新的投資，可以說是效率佳的投資方法。不過，也因為投資期間短，無法期待一次獲得龐大收益，這是它的缺點。另外，由於馬上就賣出股票，投資人很難獲得股東優惠或股利。

■ 短期投資和長期投資的好壞

短期投資		長期投資
●可馬上實現損益	好處	●容易獲得龐大收益
●資金運用效率佳		●不用理會微小的損益
●不需要精密的財務分析		●不用花費很多手續費等成本
●很難一次獲得龐大收益	壞處	●要經過一些時間才能實現損益
●花費手續費等成本		●資金運用效率不佳
●很難獲得股東優惠或股利		●必須具備選股知識

你也可以分配資金，
短期投資和長期投資
都一點一點嘗試。

　　另一方面，長期投資是以好幾年為單位期待個股成長的方式，採用長期投資的人不會在稍微出現損益時就隨便賣出股票。長期投資的好處是股價可能會翻好幾倍，讓收益變龐大。另外，由於買賣次數少，可以省下手續費等成本。不過，也因為資金很少挪動，資金運用效率並不佳。市場上也可能突然出現較大的變動，所以投資人必須定期掌握市場變動。

　　長期投資人的特色還有會做很多功課，像是了解投資標的的財務狀況等等。對某些人來說，這也可能是壞處，不過功課做得愈多，愈能提升長期投資的精準度，如果你理解財務分析的樂趣，那就不會是壞處。

開設證券戶

綜合券商與網路券商

要投資股票，就必須先到證券公司開戶。那該選擇哪間證券公司呢？

首先，證券公司可以分成綜合券商和網路券商兩大類。有實體店面接洽客戶的是綜合券商，例如：野村證券、大和證券。而網路券商沒有店面（也有例外），所有交易都在網路上進行，樂天證券、SBI 證券、Monex 證券就是網路券商[3]。

踏入投資必推網路券商！

有店面的綜合券商需要負擔人事成本，所以手續費就

3　台灣綜合券商有元大證券、臺銀證券、凱基證券、玉山證券等；網路券商有好好證券、口袋證券等。

2章　實際開始投資

■ 綜合券商與網路券商的比較

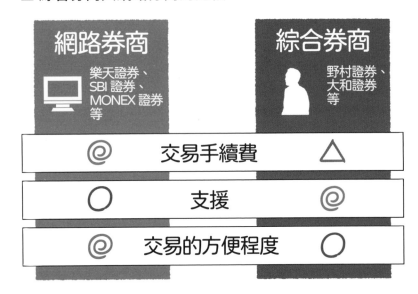

是比較高。相較之下，網路券商可以壓低人事成本，手續費比綜合券商便宜太多了。

　　綜合券商的優勢是營業員會當面提供消息，為投資人仲介買賣，不過近年網路券商也開始提供充分的支援，幾乎不輸給綜合券商。另外，使用網路券商還有其他好處，像是可以借用方便投資的工具，還有以便宜的手續費買賣

國外的股票。

基於以上分析，我推薦散戶投資使用網路券商。

在日本的一票網路券商之中，我個人推薦的是樂天證券，因為它的手續費是業界最低，而且也有豐富的交易工具，可以分析股價變動等項目。尤其「iSPEED」方便投資人確認登錄個股的資訊、即時股價、線圖、委買賣資訊，出門在外也能輕鬆買賣股票。另外，投資人可以查看十五種「技術線圖」，也能在「Market Today」瀏覽最新的股票和外匯新聞，還有一鍵下單的「快速下單」功能，幾乎可以說是重現了所有人工下單的好處。

樂天證券最棒的地方是可以用樂天信用卡交割。透過「點數計畫」制度，使用樂天信用卡交割可享有和一般消費相同的 1% 點數回饋。在投資的世界中，有「1 年賺 5% 就很優秀了」的說法，但使用樂天證券一開始就能確保 1% 收益，根本是投資新手的天堂啊！

其他網路券商也推出了各自的強項，其中 SBI 證券提供許多主攻投資新手的服務，例如機器人顧問和 T Point 投資等功能，而 au Kabucom 證券則推出部分交易零手續費的優惠。

特定帳戶與一般帳戶

日本開戶時必須選擇「特定帳戶」或是「一般帳戶」。除非經過特定的手續，否則只能開設一般帳戶，一般帳戶必須自行計算收益以及申報、繳稅。這些作業非常麻煩，我建議一定要開設特定帳戶。

特定帳戶有分「不預扣稅」和「預扣稅」兩種。證券公司會幫選擇「不預扣稅」的投資人計算收益，但投資人必須自行計算稅額以及申報、繳稅。另外，如果投資有獲利，由於隔年必須繳稅，所以帳戶裡必須保留足夠繳稅的金額。

如果是選擇「預扣稅」的投資人，證券公司會對股利等的金額計算稅額，在投資人每次進行交易的時候代繳稅金。因此，一開始就會先扣除稅金再匯入款項，投資人就不需要申報啦（要將虧損遞延到隔年以後則需要自行申報）。我特別建議投資新手選擇「預扣稅」的特定帳戶。

順便說一下，當一整年的股票投資損益是負值，就不需要繳稅，可以不用申報，但是申報的話可以拿回預扣的稅金，也能減免隔年以後的稅金，在節稅方面好處多多！

　　說了這麼多特定帳戶的優點，但有一點必須注意的是，特定帳戶只適用於上市股票和基金，如果要買進未上市的非公開股票，則必須使用一般帳戶。每間證券公司或多或少有不同的規定，不過一般來說，帳戶本身可以變更，我建議先使用預扣稅的特定帳戶，之後再變更為適合自己的帳戶類型。

■ 一般帳戶與特定帳戶的差異

證券公司的帳戶

一般帳戶	特定帳戶	
●一般的帳戶	●需要特別的手續	
●不需要特別的手續	不預扣稅	預扣稅
●自行計算稅金和申報	●不用計算稅金 ●自行申報	●不用計算稅金 ●不用申報

推薦！
投資新手選擇特定
帳戶（預扣稅）

「緊急預備金」的概念

保有「絕對不拿去投資的錢」

開好戶之後，終於要開始投資了。在那之前，請先思考關於投資的金額。

投資可以獲得的收益很容易比存款利息多，你是不是覺得比起把錢存在銀行領低利率的利息，還不如拿全部資產購買投資商品（股票或基金）更好呢？

但是，銀行雖然只提供低利率，卻能保證你的本金不減少。投資股票的年化報酬率的確比較高，但波動性也大，必須長期投資才容易獲得收益。如果把自己的所有資產投入股市，心理負擔也會很重。

要是手上沒有現金，萬一突然受傷、生病，不就無法應付了？現在新冠疫情嚴重，如果因為染疫而搞到必須辭掉工作，在找到下一份工作之前也要有足夠的資金供自己生活才行。

所以，我想在這裡介紹「緊急預備金」的概念。

「緊急預備金」指的是無論任何情況都絕對不能用在投資和消費的資金。如果你真的把所有資產拿去投資，在失去收入來源或急需一筆錢的時候，為了暫時調動資金，就算股票還不到適合賣出的時機，也只能賣掉換成現金，這對投資人來說是重大的傷害。「緊急預備金」就是投資人最後的堡壘。

留下足夠生活六個月的資金！

那麼，投資人需要準備多少資金呢？

如果預估得太低，在急需用錢的時候可能會不夠用，但若估得太高，反而會失去投資獲利的機會。舉例來說，指數化投資風險低、可以有穩定的獲利，年化報酬率大約5% 左右，所以要是把投資的本金都當作緊急預備金，就等於會失去每年 5% 的投資收益。

緊急預備金是應付緊急情況的資金，所以建議各位考慮「重建生活期間的資金」，以自己平常的生活費為基準。

要熬過緊急情況到生活恢復往常，每個人所需要的期間應該不同，不過大致上落在 6 個月到 2 年之間。

　　假設一個月的房租、水電費、伙食費等生活費是 10 萬日圓（約新台幣 2 萬 2），那「10 萬日圓 ×6 個月＝ 60 萬日圓（約新台幣 13 萬 2）」就是最低標準。同理，如果每個月生活費是 20 萬日圓（約新台幣 4 萬 4），那最好預留 120 萬日圓（約新台幣 26 萬）現金當作緊急預備金。當然，生活費會隨著年齡而不同，也會依照有沒有房貸壓力而有不同的衡量標準。

　　投資並不是賭上人生的豪賭，而是為了讓自己幸福的手段，請適當運用自己的資金。我建議至少先花一小段時間記帳，來了解自己的生活費和緊急預備金。

> 在投資之前，先保有足夠生活 6 個月至 2 年左右的「緊急預備金」。別讓自己勒緊褲帶投資！

投資商品的種類和特色

為了籌資而發行的「股票」與「債券」

　　有很多人想投資，但不知道該投資什麼。就讓我來介紹投資商品中最普遍的股票、債券和基金吧！

　　「股票」大概是一般的投資種類中最為人所知的一種吧！股票是企業為了籌資而發行的東西。股票的價格時常在變動，影響股價的因素有企業的營收和大環境的景氣，以及投資人的需求和供給。從長期來看，投資股票的收益比債券、房地產來得高，但也是高風險的投資標的。

　　「債券」是國家、地方政府、企業為了籌資而發行的東西，分別又稱為「政府公債」「地方政府公債」「公司債」。購買債券後，投資人會在發息日收到利息，並在到期時收到債券發行時訂定的金額（又稱為「票面金額」）。

　　債券的風險是發行的國家或公司可能財政困難或是倒閉，但債券仍是安全性相對高的投資標的。

債券和股票一樣，價格會隨時變動，但是利息已經事先決定好了，到期後也保證會歸還票面金額，所以債券的價格變化比股價穩定。反過來說，我們無法期待債券如同股票般給予高獲利，不過債券給的利息還是比銀行存款高就是了。

可以小額投資的基金

如果你覺得投資股票很恐怖，但是債券又無法滿足你，那你可以把目光放到「基金」上。

當你自己購買股票或債券，你必須調查那間公司的財務體質和前景等資訊。而「基金」就是把這些工作交給專業的「基金經理人」代為判斷與選擇標的，也可稱為「投資信託」。

我們通常需要數萬至數十萬的資金來購買股票或債券，但如果是基金的話，投資人可以只準備 1 萬或 5,000 日圓（約新台幣 2,200 至 1,100 元）的小筆金額來投入。這是因為基金經理人會從很多投資人手上拿到資金，並將那些資金集合起來操作。基金也算是能壓低風險的投資商

品。

　另外還有房地產、虛擬貨幣、黃金等投資商品，不過
我建議投資新手先從「股票」「債券」「基金」開始嘗試。

■ **基金的結構**

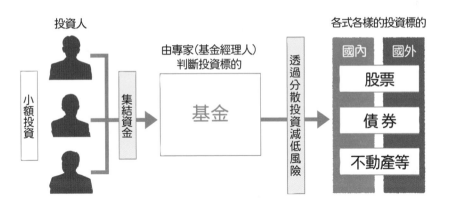

投資人

由專家(基金經理人)
判斷投資標的

各式各樣的投資標的

小額投資

集結資金

基金

透過分散投資減低風險

國內　國外

股票

債券

不動產等

分散投資與集中投資

避開風險的分散投資、獲取報酬的集中投資

投資分成「分散投資」和「集中投資」兩類。分散投資指的是將投資資金分成小份，拿去投資多個不同的個股；集中投資則是將投資資金集中在特定的個股。一般會建議投資新手嘗試分散投資。

「不要將雞蛋放在同一個籃子」是有名的投資格言。如果將全部的雞蛋都放在同一個籃子裡，要是不小心讓籃子掉落地，所有的雞蛋可能都會破掉，只要將雞蛋放在不同籃子裡，即使其中一個籃子裡的雞蛋都破了，其他籃子裡的雞蛋仍能保持完好如初。投資也是這樣，要投資多個商品，不要集中在特定商品，以這個方法分散風險比較好。

選擇分散投資的話，投入到每檔個股的資金當然比較低，即使其中一檔個股的股價飆升，獲利也通常不會太

■ 美國電動車廠特斯拉的股價漲幅

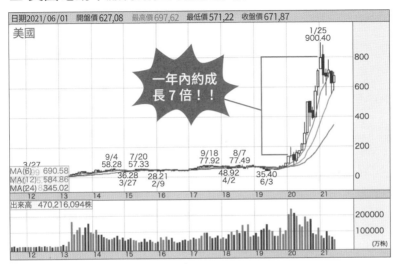

出處：「株探」（https://kabutan.jp/）

高。舉個例來說，分散投資的熱門個股「標準普爾 500 指數（S&P500）」的年化報酬率僅 7%。簡單算一下，持續投資 30 年，資產才翻 6 倍而已。

我們可以說，分散投資是以長期投資為前提的投資。

另一方面，在集中投資的世界裡，1 年後股價變 2 倍或 3 倍的個股並非罕見。

2021 年 6 月，新聞報導 Panasonic 賣掉美國電動車廠特斯拉的所有股票，原先是以 24 億日圓（約新台幣 5.5 億）

買進的股票，最後以約 4,000 億日圓（約新台幣 920 億）賣出。看看上面的線圖也可以知道，這幾年特斯拉的股價根本是飆漲，2020 年 7 月的股價比豐田汽車、本田、日產汽車等日本車廠的市值加起來還高，躋身為標準普爾 500 指數的成分股。

集中投資就是像這樣有機會獲得高報酬，如果你想在短時間增加資產，就應該選擇集中投資。

不過，股價可不會永遠都在漲。特斯拉當然也有暴跌 10% 以上的風險。集中投資的風險和報酬都高，投資的時候最好是手上握有股價會上漲的依據。不過，對投資新手來說，判斷股價會不會上漲有難度，所以我還是建議新手選擇分散投資。

雖然我贊同投資新手從分散投資起步比較安全，不過投入的時間、金錢以及存錢目標不同，可以承受的風險也不同。等你習慣之後，就可以打造適合自己的投資風格啦！

錯誤的分散投資

在開始分散投資前，先讓我告訴你基本的分散方法。

　　如果你同時投資豐田汽車、本田、日產汽車，以分散風險的觀點來看，這沒有辦法真的分散風險。因為這3間公司都是生產汽車的廠商，如果汽車產業陷入不景氣的狀況，那這3檔股票都很有可能下跌。如果以前述的比喻來說，就是多個籃子一起掉落。

　　要降低風險，就要選擇組合價格之間沒有連鎖關係的個股，這是基本鐵則。

　　更何況，股票市場本身就是景氣和不景氣的循環。景氣高峰是市場上景氣最好的時候，景氣從谷底一路復甦。但是，景氣不會永遠都在高峰。景氣會慢慢衰退，直到景氣谷底。在景氣谷底，當投資人大量賣出股票後，景氣才會慢慢走向復甦。

　　在這景氣循環的不同時間點，適合買進的股票產業種類也不同。景氣復甦時，最好買進 Google 等高科技產業；景氣高峰時，製造業的股票會很熱門。進入衰退期後，製造業等產業的需求緊縮，反而是需求沒什麼變化的能源股會很搶手。景氣谷底時，熱門股票變成販售生活必需品的企業。建議各位投資人記住這個觀念，分散投資不同產業的個股。

　　另外還有一種分散投資是選擇不同的國家來投資。舉例來說，投資日經平均指數和標準普爾 500 指數，等

■ 股票市場的循環

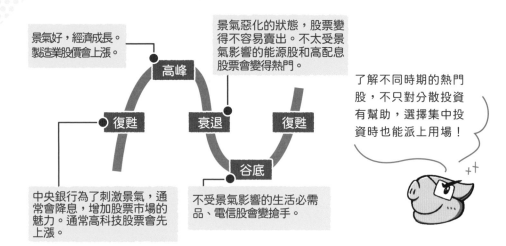

景氣好，經濟成長。製造業股價會上漲。

景氣惡化的狀態，股票變得不容易賣出。不太受景氣影響的能源股和高配息股票會變得熱門。

了解不同時期的熱門股，不只對分散投資有幫助，選擇集中投資時也能派上用場！

高峰

復甦

衰退

復甦

谷底

中央銀行為了刺激景氣，通常會降息，增加股票市場的魅力。通常高科技股票會先上漲。

不受景氣影響的生活必需品、電信股會變搶手。

於是投資日本和美國。假如日股下跌、美股上漲，投資人也能取得損益平衡。不過，現在的股票市場正逐漸走向全球化，美股下跌時，往往日股也會跟著下跌。另外，在選擇投資的國家時，主要可以分成三個市場。一個是日本，一個是美國和歐洲等先進國家。雖然這兩大市場的經濟成長率低，但本身經濟規模大，價格變動穩定。第三個市場是中國和印度等新興國家，新興國家的經濟成長率高，但經濟規模小，特色是價格變動劇烈而且不穩定，應特別留意。

什麼是「投資組合」？

配合資金、目標、期間決定投資標的

　　開始進行分散投資後，你應該很常聽到「投資組合」這個詞吧？這個詞指的是股票、基金等金融商品的組合。有時候也指投資人持有的所有金融資產。

　　如果有人說「建立投資組合」，那意思就是研究要買的投資商品，以及針對不同個股投入的金額，建立資金分配清單。

　　剛開始進行分散投資時，很容易先從既有的產品選擇，可能因為「喜歡這個品牌的服飾，所以就買進該牌的公司股票」。你當然可以投資喜歡的企業，不過若從「增加資產」的觀點來看，我們買的是股票而不是產品，建議你還是先設定「投資金額」「操作期間」「目標收益」等指標，選擇有機會滿足這些指標的金融商品。

如何建立投資組合？

　　如果突然要你這個投資新手「適當分配投資金額」，你應該會感到很困惑吧？不過請放心，大型券商都具有建立投資組合的功能，只要依照指示操作，就能輕鬆建立投資組合。

■ 我的投資組合（2021 年 4 月時）

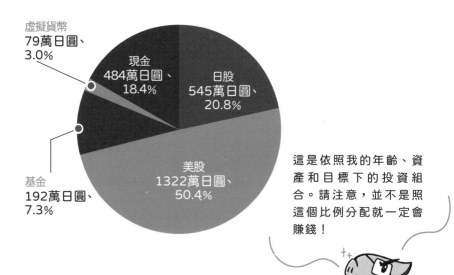

虛擬貨幣
79萬日圓、
3.0%

現金
484萬日圓、
18.4%

日股
545萬日圓、
20.8%

美股
1322萬日圓、
50.4%

基金
192萬日圓、
7.3%

這是依照我的年齡、資產和目標下的投資組合。請注意，並不是照這個比例分配就一定會賺錢！

　　除了國內的股票，也能投資美國、中國、新加坡等國外的股票，還可以事先模擬分配狀況。

　　另外，有些券商的系統還設有理財機器人，協助投資人進行資產運用。你可以直接交給理財機器人設定，或是一開始先交給理財機器人，開始投資之後再自行變更。

　　順便提一下，上圖是我在 2021 年 4 月時的投資組合。應該看一眼就知道，我主要投資美股。

　　最後要告訴你的是投資組合最重要的一件事，那就是定期檢視你的投資組合。你所投資的商品各有不同的價格變動，只要其中一個商品價格劇烈變動，整體的分配比例就會失衡。這個時候，請將投資組合「再平衡（重新分配資產）」，就能找回原本的比例，改善資產分配狀況。

想穩健獲利，就進行 「指數化投資」

顯示市場動向的指標「指數」

如果你害怕投入大筆資金在股市，單純將資產存在低利率的銀行，那我會推薦你嘗試「指數化投資」。

在進行指數化投資前，我先說明「指數」是什麼東西。「指數」是顯示市場動向的指標。例如，常在新聞上看到的「日經平均指數」和「東證股價指數（TOPIX）」就是日本股市具有代表性的指數。日經平均指數是從東證一部的上市股票中，選出具有代表性的 225 檔個股來計算的股價指數；東證股價指數則是計算東證一部所有上市股票的股價指數。

指數化投資，指的是將資金分散投資在這些指標上。指數化投資等於是將資金分散投資在多間企業，所以不需要確認個別企業的營收表現。而且，指數化投資的價格是隨著整體市場的狀況變動，投資人很容易收集資訊，適合投資新手。

另外，容易避開大虧損的風險也是指數化投資的特色之一。假如投資成分股中有一間公司倒閉，那也不過是幾百間公司中的其中一間，不會對投資人造成太大的虧損（如果只投資一個國家，有可能因為該國經濟不景氣，市場出現蕭條，無法期待經濟成長）。

指數化投資是讓人穩健獲利的投資方式，如果你想在短期間賺大錢，那就不適合指數化投資，指數化投資的獲利是以年為單位來看的。請特別注意，要是在短期間因為價格下跌而賣出，或是變更投資商品，反而可能會賠錢。

如何開始指數化投資？

有一種基金叫作「指數基金」，是和指數連動的金融商品，投資人購買這類商品，就能從小額開始指數化投資。在開始指數化投資時，先決定要和哪個指數連動，再選擇指數基金或「ETF（指數股票型基金）」。

你問我怎麼尋找指數化投資的標的？很簡單，尋找名字中有「指數」的基金或ETF就行了。像是「TOPIX指數」和「紐約道瓊指數」，商品名稱會標明股價指數。「TOPIX

指數」是「和東證股價指數連動」的投資操作，「紐約道瓊指數」就是「和紐約道瓊指數連動」的投資操作。日本除了「日經平均指數」和「東證股價指數」，還有「東證MOTHERS股價指數」以及「JASDAQ INDEX」。除了「股價指數」外，還有和「債券指數」連動的金融商品。

如果希望靠指數化投資提高收益，可以選擇將收益存到帳戶，或是再拿去投資。選擇再投資可以每年增加投資金額，並提高報酬率，因此如果沒有特別的理由，我建議各位選擇再投資。

ETF和基金
哪裡不一樣？

可以如同股票般交易的基金

　　當你要開始從小額投資基金時，應該或多或少都聽過「ETF」吧？ETF是「Exchange Traded Fund」的縮寫，也就是「指數股票型基金」，設立宗旨在於和「日經平均指數」或「紐約道瓊指數」這類股價指數或黃金價格等指標連動。ETF就像股票一樣，價格會即時變動，投資人以市價購買。

　　ETF和基金的差異在於有沒有上市，也就是投資人是否透過證券交易所進行交易。

　　另外，由於ETF是上市的指數股票型基金，所以和股票一樣，投資人要透過證券交易所下單買賣。投資人要先決定交易單位，然後以該單位下單。

　　你可以把ETF想成「運用買賣個股的方式來交易的基金」，這樣應該比較好懂吧。

■ ETF 和一般的基金比較

	ETF	一般的基金
上市／非上市	上市	非上市
可交易的時間	證券交易所的交易時間	基本上隨時都可以
價格變動	即時變動	每天變動一次
購買地點	證券公司	基金公司、證券公司、銀行等
手續費	低	稍低
管理費	低	稍低
再投資	每次都必須手動進行	可以自動將配息拿去再投資

　　ETF 和基金一樣包含很多檔個股，投資一檔 ETF 就可以達到分散投資的效果，所以算是風險較低的投資方法。

　　另外，不只東京證券交易所，美國等國外的證券交易所也有 ETF。美國上市的 ETF 規模大，管理費通常也比較低，如果是相同的成分股，選擇美國的 ETF 對投資人比較有利。基金和 ETF 的持有期間都會收取稱為管理費的運用成本，這項成本在 ETF 比較便宜。

ETF 的缺點

　　ETF 的配息是按照持有的指數決定金額。例如「標準

普爾 500 指數」是從美國約 500 檔個股的市值算出的股價指數，殖利率大約 1.3%，如果持有 100 萬日圓（約新台幣 22 萬）的 ETF，能得到 1 萬 3 日圓（約新台幣 2,860 元）的股利。但是，日本的 ETF 支付股利時會課所得稅、居民稅（美國 ETF 還會加上當地課的稅）。另外，如果想將股利再投資，發揮錢滾錢的力量，請注意必須自己花心力把分配到的股利拿去再投資。

還有，雖然網路券商提供一部分的 ETF 免申購手續費，但如果用美金購買的話，會產生美金與日圓之間的匯差成本。另一方面，如果要買基金的話，我推薦管理費較低的基金，幾乎都不需要申購手續費。

不論 ETF、基金還是股票，都有各自的優缺點，請找出適合自己的資產和目標的投資方式吧。

判斷什麼樣的基金
絕對不能碰

避開手續費高的基金

我在第 44 頁介紹了「基金風險小，適合投資新手」，因為可以從小額開始投資，而且交由專家操盤。不過，其實有些基金是絕對不能碰的。讓我們來看看要怎麼找出有問題的基金。

基金的手續費分成「交易手續費」和「管理費」。交易手續費顧名思義就是交易成立且有獲利時收取的手續費，管理費則是持有期間收取的費用，不論投資人是否有獲利。

假設以每年 5% 的報酬率持有 20 年，管理費差 0.1% 就會讓手續費變成 14 萬日圓。以形成長期資產的角度來看，這個差距非常巨大。

管理費愈便宜愈好，這道理不用我說，大家也明白吧？但是，管理費落在哪個範圍內是一般人可以接受的

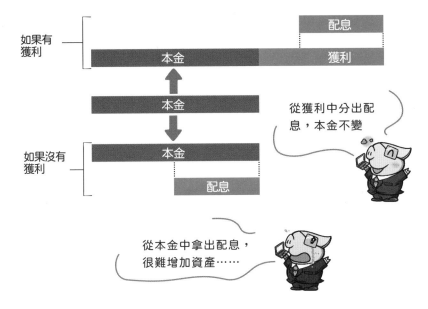

■ 每月配息的基金配息

如果有獲利

配息

本金　　　　　　　　獲利

本金

從獲利中分出配息，本金不變

如果沒有獲利

本金

配息

從本金中拿出配息，很難增加資產……

呢？我希望你以「低於 0.19% 的規則」作為標準。

這是我自己設定的標準，從管理費低於 0.19% 的基金之中挑選投資標的。我會在後面的章節說明為什麼是0.19%。

順便說一下，主動型基金的管理費大約是在 0.5% 以上，自然不在我訂的範圍內，投資選項便限縮於指數基金了。

每個人都有自己的投資策略，我並不打算否定主動型

基金。前面所說的，只是適合多數人的觀點而已，希望你了解。

「每個月配息」是甜蜜的誘惑

銀行時常會推出「每個月配息的基金（配息基金）」，乍看之下可以每個月都不勞而獲，好像是很划算的基金，但我得告訴你，這就是不能買的基金代表。

配息是有獲利時支付的錢。指數化投資的年化報酬率是 3% 至 7%，換算成每個月的報酬率則是 0.25% 至 6%。從這個數字來看，似乎每個月都會有獲利，但其實指數的上揚通常要以長期來看才成立，只看短期當然有可能遇到下跌。

那麼，如果沒有從投資標的獲利會怎麼樣呢？答案是「會從本金中拿出配息」。沒有從投資標的獲利就代表股價低迷，在這個狀態下還減少本金，只為了配息，這對形成資產一點幫助也沒有。

說起來，銀行靠基金所賺的錢，不是只有客戶的基金獲利的部分。當銀行賣出基金時，就已經賺了申購手續

費。所以，或許也有銀行員並不在意客戶是否能獲利，只是在推銷銀行容易賺錢的基金。這也可能是我多慮了，不過畢竟是要拿自己的錢去投資，就算銀行員本著良心熱情推銷，我還是認為投資人必須退一步冷靜思考。

要注意基金規模減少的基金

申購基金的人數愈多，基金規模也會等比例增大。另外，股價上漲時，基金規模也會變大。基金規模大，就能對更多標的分散投資，更有機會依照計畫獲利。

股價下跌時，企業的評估資產也一定會減少。在新冠疫情蔓延期間，樂天證券名列前茅的基金「eMAXIS Slim」規模也大幅下降。不過，由於申購的投資人眾多，後來規模漸漸回到上漲的走勢。我們可以說，基金規模大的基金是比較安全的選擇。

當基金規模變小，而且贖回的數量比新申購的數量還高時，這種基金就很危險。這代表有很多投資人解約，這麼一來將會很難達到分散投資，也愈來愈不可能依照計畫操作。

另外，基金規模變得太小時，將會產生「償還風險」。基金將會解散，強制退費給投資人，但往往是當初花 1 萬日圓（約新台幣 2,200 元）申購，最後只退回 5,000 日圓（約新台幣 1,100 元）。

我推薦的基金

介紹了這麼多不能碰的基金，接下來要講我推薦的基金——「eMAXIS Slim」系列。他們標榜自身手續費最低，如果其他基金調降手續費，他們表示會跟著調降。另外，這檔基金囊括了許多投資人喜歡的商品，包含美股、先進國家的股票、新興國家的股票以及平衡型基金。

Slim 系列中，目前手續費最高的是「eMAXIS Slim 新興國家股票」，2021 年 6 月查詢時顯示其管理費是 0.187%。用比這個數字再高一點的 0.19% 當作標準選擇基金的話，能找到的基金基本上都能壓低風險。

「手續費高」「每個月配息」「基金規模減少」的基金很危險！請用「低於 0.19% 的規則」排除危險的基金。

2章
⑩

如何選股？

2章

實際開始投資

選股是投資新手面臨的第一個瓶頸

如果你要投資個股，就必須先從選股開始。投資新手面臨的第一個瓶頸就是選股，選股的重點在於以「低廉的股價」買進「營收表現優良」的個股。

我早期曾經透過閱讀如字典般厚的雜誌《公司四季報》來尋找個股，但光是在東京證券交易所上市的股份有限公司就多達 2,100 間，就算在這上面花費很多時間也沒什麼進展。讓我順利選股的方法其實是靠網路券商，只要輸入想查詢的個股名稱或代碼，就能看到企業資訊、營收變化、該企業的最新消息、股價線圖（價格變動的圖表），有些網路券商還能查到股東優惠資訊。

不過，這個方法只能收集到與自己所知的企業有關的資訊。我們應該更廣泛地收集資訊。

看報章雜誌收集資訊

　　首先建議各位看有關股票投資的報章雜誌來收集資訊。專門雜誌會有介紹高收益股和營收復甦的股票特輯，範圍遍及各式各樣的個股。當你從中看到有興趣的個股，就可以查詢該公司的網站，查看更詳細的資訊。

　　另一方面，報紙比較多介紹日本股市或世界整體金融的報導，較少針對單一個股的內容。建議你可以從報紙尋找備受矚目的產業。

■ 「尋股」

出處：「株探」（https://kabutan.jp/）

上股票資訊網站收集資訊

　　上股票資訊網站可以收集到股票的資訊，也是重要的資訊來源之一。在日本很多人會使用「尋股」「MINKABU」「Yahoo! 財金」「公司四季報線上版」，裡頭記載了強勢股排行榜、投資人買進預估情況等多種交易參考資訊。有些網站能使用的範圍有限，建議先廣泛瀏覽各種網站，覺得有需要的話再考慮成為付費會員[4]。

　　另外，你也可以參加證券公司舉辦的投資講座來收集資訊。請多方嘗試，確立適合自己的資訊收集方式。

4　在台灣可以利用「Goodinfo! 台灣股市資訊網」。

如何買進股票？

股票買賣單位

選好個股後，終於來到下單買進的階段。

下單買進前，必須先決定「要買幾股」「要以限價還是市價買進」「下單期限要設定到什麼時候」這三件事。系統會從投資人的證券帳戶扣款支付買進費用，投資人必須先把足夠款項匯入帳戶。

在日本，股票買賣基本上是以 100 股為單位計算。如果你要買 1,000 日圓（約新台幣 220 元）的股票，就必須付「1,000 日圓 ×100 股＝ 10 萬日圓」。也有證券公司提供投資人可以買進低於 100 股的數量，適合本金較少的投資人。這種股票稱為「零股」，不過證券公司可能使用不同的服務名稱。

買進交易成立後稱為「成交」，下單買進成交後，投資人就是「股東」了。[5]

5　在台灣一般買賣股票的單位都是「1 張」，1 張股票 =1000 股，例如一次買 5 張、10 張，就等於買 5,000 股、1 萬股。當買賣股票不是用 1 張為單位，而是以 1 股為單位時，就稱為零股交易。

「限價單」與「市價單」的差異

　　下單方式分為「限價」和「市價」，投資新手適合以「限價」下單。限價單指的是確實指定股價的下單方式，例如「以 1,000 日圓（約新台幣 22 元）買進 100 股」。如果輸入「1000」，表示「想以 1000 日圓以下買進股票」。

　　而市價單則是不指定金額，不論多少錢都想買進的意思。送出市價單後，即使以遠高於最近股價的價格成交，投資人也不能反悔。如果急著想交易，市價單會比限價單

■ 限價單　　　　　■ 市價單

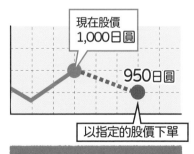
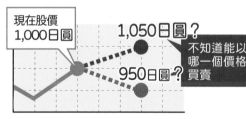

以股價為優先的下單方式，雖然可以用指定金額買賣股票，但也有可能一直買不到。

以時間為優先的下單方式，雖然買賣很容易成立，但不知道能以多少錢買賣。

優先成交，不過在投資新手習慣交易流程前，我建議還是都以限價下單。

另外還有稱為「停損停利單」的下單方式。當投資人想下單的個股股價來到指定價格以上或以下時，系統就會自動送出買進／賣出單。投資人可以指定「只要股價上漲到指定價格以上就買進」或是「只要股價下跌到指定價格以下就賣出」。

最後要選擇下單的有效期限。「當天」指的是「委買賣只有下單當天有效」，如果當天沒成交就會失效。如果選擇「一周」，該委買賣將會持續到周末。視證券公司而定，最長可以設定的期間不同，大部分都是一周。

按下確認按鈕，確認委買賣內容無誤後，按下確定按鈕，就會送出委託。

如何賣出股票？

賣出股票的錢入帳的時間點

下單賣出也有「限價」和「市價」兩種方式，如果你現在虧損慘重，想要盡早賣出的話，就適合以「市價」下單。當委買賣資訊顯示很少買進，幾乎都是賣出時，就該以市價下單。

如果是打算停利，或是情況不緊急時，請以「限價」賣出。想以例如 100 日圓賣出，就輸入「100」，表示「想以 100 日圓以上賣出」的意思。這種情況下幾乎都會以 100 日圓成交，不過也有極少數以高於預期的價格賣出的時候。另外，股票和外匯等市價高於買進價格時，其差額稱為「未實現收益」，低於買進價格時的差額則稱為「未實現虧損」。

賣出股票後，證券公司會在賣出交易成立後「三個營業日」，將賣出的金額匯入投資人的帳戶。請特別留意，

如果你因為急於用錢而賣出股票，也必須等幾天才能拿到錢。要從自己的證券帳戶領錢，一般通常會指定匯給自己其他的銀行帳戶。也有部分證券公司提供投資人可以從ATM領錢的服務。

在評估股票投資成果（績效）時，有以包含未實現損益在內的整體資產計算的方式，也有只計算實現損益的方式。如果用只計算實現損益的方式，那只要賣出有賺錢的個股，就能表面上讓績效看起來漂亮。我建議各位加入未實現損益，以整體資產來計算績效。

以正面心態看待「停損」

什麼時候該將持有的股票賣出？這個問題總是令買賣股票的投資人覺得苦惱。有時候，買進的股票上漲了，卻錯過賣出的時機，結果股價就下跌了。有時候，現在股價比買進時還低，猶豫著是否該賣掉時，股價又跌得更深。這些失敗經驗，大部分的投資人都曾經歷過。

當手上的股票出現未實現虧損時，投資人有必要在適當的時機「停損」，將傷害降到最低。不過，停損就像是

承認自己失敗了，常常可以看見很多人不願意果斷放手。

　　要知道，就像棒球場上沒有打擊率百分之百的打者一樣，股市中也不存在勝率百分之百的投資人。重要的不是勝率，而是「不要出現巨大的失敗」。

　　希望你至少避免無依據地期待股價上漲，以免損失愈來愈大。

　　我在這裡教你一招：停損的同時，尋找其他有魅力的投資標的。你只要想成「我是為了讓手上有現金可以投資更有魅力的個股，所以才賣掉股票」，而不是「因為有虧損所以賣股」，就可以用正面心態看待停損了。

　　另外，也可以預先設定好停損點，在買進後送出「停損單」，當股價接近你設定的價格就會自動賣出，這麼一來，你就不會受到莫名的期待感影響，可以順利賣出股票。

如何領股利？

最晚什麼時候買進股票可以領股利？

　　我一開始介紹過，股票投資的收益分成現金股利和資本利得兩種。本篇要帶你認識現金股利，以及領股利的方式。

　　投資人會在「最後過戶日」獲得領取股利和股東優惠的權利。最後過戶日和企業公布財報的日期相同，你可以在企業的官方網站、股票資訊網站等地方確認日期。

　　要注意的是，在最後過戶日當天買進股票的人無法領取股利。如果你想領股利，最遲必須在最後過戶日的前兩個交易日買進股票，才能成為登記在股東名冊上的股東，並得到公司配發的「現金股利」

　　順便一提，最後過戶日的前一個交易日稱為「除息（權）交易日」。

如果個股提供深具魅力的股東優惠，或是在股票資訊網站上受封為「高配息」的個股，當除息交易日前一天快到時，股價通常會上漲。這是因為出現更多投資人希望獲得股東優惠或股利等，進而買進股票。

不過，股價大多會在除息交易日當天下降，因為在除息交易日前一天持有股票的話可以領股利，有些投資人認為已達成目標，便在除息交易日當天賣掉股票。

如果你並不執著於領股利，也可以等除息交易日之後，瞄準股價下跌的時機撿便宜。

領取股利、股東優惠的方式

領股利的方式共有四種，投資人可以自行選擇其中一種。如果你使用網路券商，通常可以在帳戶管理畫面進入股利領取方式的選擇畫面，去選擇適合自己的方式。

萬一你沒有選擇股利領取方式，系統就會自動設定為「股利收據方式」。發行公司將寄送股利收據到你登記的地址，只要將股利收據拿給郵局窗口人員看，就可以領取股利。這也稱為「傳統方式」。

另外還有匯入證券公司帳戶的「股數比例發放方式」、將所有股票的股利匯入事先指定的銀行等金融機構帳戶的「登錄股利領取帳戶方式」，以及將個別個股的股利匯入事先指定的銀行等金融機構帳戶的「個別個股指定方式」。股東優惠則是由股票的發行公司直接寄到客戶的申請地址。

如果想領股利，最遲必須在最後過戶日的前兩個交易日（除息（權）交易日前一個交易日）買進股票。領取方式有四種，請選擇自己最喜歡的方式。

2章 14

如何運用 「委買賣資訊」？

2
章

實際開始投資

可以確認股票的交易狀況

使用網路下單時，很常看到「委買賣資訊」。委買賣資訊會顯示個股的下單狀況，投資人可以從中預測該個股的成交價。

委買賣資訊會顯示尚未成交的限價單下單狀況，分別稱為「委買」和「委賣」，投資人下單的價格稱為「委託價格」。

在委買賣資訊中，委託價格會顯示在中間，兩邊則是委買和委賣的股數。如下頁的表一所示，以 4,700 日圓（約新台幣 1,034 元）委託賣出的股數有 200 股，以 4,500 日圓（約新台幣 990 元）委託買進的股數有 100 股。

假設此時你以 4,500 日圓委託買進 100 股，「委買股數」就會如同表二變成「200」。不過，在相同的委託價格裡，先下單的投資人可以優先成交。所以假如有人想以

4,500 日圓賣出，而委託股數在 100 股以下的話，你就要
繼續等待了。

那如果像表三一樣以 4,600 日圓（約新台幣 1,012 元）
委託買進會怎麼樣？因為委託價格比其他人高，而且只有
你出這個價格，確實很有機會成交。不過，如果一直沒有
人以 4,600 日圓委託賣出，那你也買不到。說不定在你等
待的時候，又有人提出比你高的 4,700 日圓委託買進。

■ (表一) **委買賣資訊的構成要素**

委賣股數	委託價格	委買股數
200	5000	
400	4900	
500	4800	
200	4700	
	4600	
	4500	100
	4400	200
	4200	100
	4100	100

以4700日圓委託賣出
的股數有200股

以4500日圓委託買進
的股數有100股

■ (表二) **如果以 4500 日圓委託買進**

委賣股數	委託價格	委買股數
200	5000	
400	4900	
500	4800	
200	4700	
	4600	
	4500	200
	4400	200
	4200	100
	4100	100

■ (表三) **如果以 4600 日圓委託買進**

委賣股數	委託價格	委買股數
200	5000	
400	4900	
500	4800	
200	4700	
	4600	100
	4500	100
	4400	200
	4200	100
	4100	100

委賣股數比委買股數多
＝股價有下跌傾向

委買賣資訊，就是買方和賣方的即時爭奪戰況。

另外，委賣股數和委買股數也是值得關注的資訊。在表一到表三中，委賣股數比委買股數還高，可以解讀為「想賣股的人比較多＝股價有下跌傾向」。

不過，委買賣資訊也只是幫助投資人判斷的其中一個參考資料。操作大筆交易的法人不喜歡被人看見自己的委託資訊，通常會以市價單交易，如果突然送出大量市價單倒貨賣出，股價很可能會暴跌。

如果你想在交易時間內買賣股票，我建議你查看「分時明細」，可以知道每次成交的價格和股數。

適合新手的
「順勢操作」

跟隨整體市場買賣

　　一般常說「投資新手適合順勢操作」。「順勢操作」是一種思考股票買賣時機的方法，在股價上漲時買股，下跌時則將持有的股票賣出。

　　不限於股票，只要是市場，都是由眾多參加者組成。所以，當股價出現某種程度的上漲或下跌趨勢時，短時間內並不會馬上改變。順勢操作就是期待股價持續上漲或下跌的趨勢，而跟隨該趨勢操作。由於是跟隨趨勢，所以又稱為「趨勢交易（Trend Follow）」。

　　順勢操作基本上就是買進上漲趨勢的股票，只要上漲趨勢持續愈久，就能賺進愈多收益。

　　順帶一提，長期投資的前提是看中股票幾年後的股價會比現在高，所以長期投資一定是順勢操作。

　　順勢操作適合投資新手的主要原因是容易理解線圖變化。投資人不知道 K 線形狀的意義也沒關係，就算不懂線圖的細節，只要股價持續往上就「買」，持續下跌就「賣」，有獲利的機率會比較高。

　　另外，跟隨趨勢買賣的準確性高，但因為無法買在最低點，光憑一次的交易，能賺到的錢並不多。

想靠順勢操作賺錢的必備能力

　　當然，上漲趨勢並不會永遠持續。投資人也有可能買在上漲趨勢的尾聲，股價轉而下跌，產生損失。最理想的情況是買在剛開始上漲的時候，但要小心不要追高，股價有可能在突然上漲之後立刻下跌。

　　另外，如果趨勢呈現上漲，即使股價因為調整而「回檔修正」，之後也會再度上漲。假如投資人沒掌握好趨勢，誤把回檔修正當成下跌趨勢，而選擇在這時賣股，那可就會少賺了。

　　換句話說，順勢操作最重要的就是判斷趨勢轉換的能力，必須在市場趨勢轉換時立刻察覺並搭上趨勢，也要在

股價轉變時看出那是暫時的還是趨勢轉換。

雖然投資人可能會比最佳的買賣時機晚幾天操作，但是並不容易造成太大的損失，這也是順勢操作的優點。

如同上面所說，想靠順勢操作賺錢，必須具備掌握趨勢的能力。有關判斷趨勢的方法，我會在第 3 章詳細說明。

「逆勢操作」的
注意事項

早一步掌握趨勢轉換時機，賺取收益

趨勢會以某天為分界日，突然從上漲變下跌，下跌變上漲，來個 180 度大轉彎。當你比其他投資人早一步察覺趨勢的轉變，做出和其他人相反的操作（買股或放空），就是「逆勢操作」。

無論多麼順遂的環境，趨勢都不會永遠持續，總有一天會面臨終結。逆勢操作的投資人會在此時預測趨勢轉換的時機，在轉換前進行買進或賣出。他們不會和大多數人做一樣的事，而是判讀多數人背後的思維。兩相比較之下，順勢操作能一點一點確實累積收益，而逆勢操作有失敗就會虧損的風險，但也比較有可能獲得龐大收益。

能在市場上賺錢的人寥寥可數，雖然逆勢操作和順勢操作的想法互相矛盾，但當周圍的人認為股價會上漲時，以不同角度觀看市場也是很重要的。

■ 順勢操作與逆勢操作的差異

	做法	優點	缺點
順勢操作	股價呈上漲趨勢時買進，呈下跌趨勢時賣出。	成功機率高，即使失敗也不容易造成大虧損。	無法在股價高峰時賣出，也無法買在最低點，收益通常不大。
逆勢操作	股價呈下跌趨勢時買進，呈上漲趨勢時賣出。	如果股價如預期變動，就能在接近最佳時機買賣，賺取龐大收益。	股價有可能在買進後下跌，或在賣出後上漲，判斷錯誤時容易造成大虧損。

> 如果你才剛開始投資，建議你先運用順勢操作來獲取收益。如果你想嘗試逆勢操作，或許也可以先試著預測看看手上沒有的個股。

　　有很多逆勢操作的投資人會使用「震盪指標」（Oscillator）來分析。震盪指標在趨勢拉長或股價創新高後特別準，因為那是容易轉換趨勢的時機。但股價也很有可能持續創新高，請記住，震盪指標潛藏很多不確定因素。

　　逆勢操作有機會買在最低點，創造好的開始，憑藉一次的交易賺取龐大利益，但也很有可能失準。如果你是投

資新手，或是還沒習慣做線圖分析的人，請記住，逆勢操作對你來說可能很危險。要是你缺乏足夠的資訊收集和分析能力，不要跟我說你有辦法判斷趨勢結束的時機。

　　如果你想累積逆勢操作的經驗，你可以在大多數人轉換操作時先暫停。如果趨勢轉換了，你就跟隨新的趨勢。如果最終沒有轉換，只要跟隨目前的趨勢就可以了。反覆練習之下，你也能增強逆勢操作的技能，學會判斷趨勢轉換的時機。

什麼是方便指數化投資的「定期定額投資法」？

分散投資降低風險，集中投資提高收益

　　關於指數化投資，我推薦「定期定額投資法」。如同字面上的意思，簡單來說就是「每個月以固定的金額申購指數基金」，例如選擇每個月花 1,000 日圓（約新台幣 220 元）申購，而不是一次丟 10 萬日圓（約新台幣 2 萬 2）進去。

　　假如以每個月 1,000 日圓做定期定額投資，1 月的基金淨值為 300 日圓（約新台幣 66 元），那就會申購三個單位數，2 月淨值若來到 100 日圓，就可以申購 10 個單位數。申購的單位數依據淨值而定，淨值高的時候可以申購的單位數少，淨值低的時候可以申購的單位數多。如此一來，有機會壓低每單位成本。也許你會想：「那我 1 月不要買，2 月丟 2,000 日圓（約新台幣 440 元）不就可以買更多？」但這是投資，沒有人知道未來怎麼變化。

　　我曾說過指數化投資由於投資多間公司，所以可以分

散風險，而定期定額則是分散「投資時間」，所以也能分散風險。投資人可以不用擔心價格變動，這也是定期定額投資法適合投資新手的原因。

　　另外，定期定額投資法遇到股價暫時下跌也不怕，因為即使大跌，只要繼續投資，最終仍然能獲得收益。不過，必須是整體績效成長的基金，才能讓投資人靠定期定額投資獲利。將錢丟入績效衰退的基金，只會累積自己的損失，因此請務必定期確認你所投資的基金動向。

3章

駕馭技術面分析

「技術面分析」是指運用線圖預測股價今後的變化，即使是剛開始投資的新手也能馬上成功駕馭，且讓我從基礎介紹到高階技巧。

什麼是技術面分析？

要在股票投資中獲勝，必須分析股價變動！

　　要靠投資股票增加資產，當然就必須在操盤中勝出才行。要在操盤中勝出，就必須分析並預測個股未來的價格變動。

　　如果想確實賺到收益，除了分析未來的股價變動，也要注意買賣時機。假如你預測某檔個股未來會上漲，但實際上要兩個月後才開始漲，明天開始會先下跌一陣子，那你會怎麼做？要是你今天買進了這檔個股，暫時會產生未實現虧損，那你說不定會忍不住在股價上漲前賣掉。所以說，知道買賣的適當時機也很重要。

　　在投資的世界，預測未來價格變化的分析方法可以分成兩大類──「技術面分析」和「基本面分析」。

　　技術面分析是分析「線圖」上的變化。線圖是將個股某段期間的股價變化畫成淺顯易懂的圖表，應該不少人都

看過那種蠟燭形狀的紅色和綠色 K 線排列而成的圖吧？開盤之後，線圖就會即時變動，每當股價漲跌，那些漲跌變動就會立刻反映在線圖上。

分析那些線圖上的變化，計算未來的股價變化和買賣時機，這種分析手法統稱技術面分析。

另一方面，基本面分析則是指所有分析線圖外各種事件的分析方法，例如投資整個國家的投資人，會分析各國政府發表的經濟指標、經濟政策，以及各國中央銀行發布的利率。另外，投資企業的投資人則會查看企業的決算報告、財務報表等文件。分析這些資訊的方法，都是基本面分析（詳細內容將在第 5 章說明）。

基於「道氏理論」的技術面分析

有人認為「線圖說明了所有事情」，不論是基本面的資訊，還是投資人對那些資訊的看法，所有的一切最終都會反映在線圖上，所以除了在容易大幅影響股價的基本面資訊發布前後不要操盤，平常都只分析線圖來操盤。這個想法的基礎來自《華爾街日報》的創刊者查爾斯‧道

（Charles Dow）所提出的「道氏理論」。

　　我認為散戶應該先學習技術面分析，有助於預測未來的股價變化，並推算買賣時機。

> 請運用「技術面分析」，從線圖分析未來的股價變化和買賣時機！

看懂線圖

構成線圖的三大要素

技術面分析可以再分成「K線分析」「趨勢分析」「震盪分析」「圖形結構分析」四大類。在認識這四種分析方式之前，我們先來看看股價線圖到底是什麼。

請看下頁的圖，圖上排列著蠟燭形狀的東西，這就是「K線」，底下的長條圖則顯示「成交量」，也就是個股在一定期間成交的數量。圖上還有沿著K線描繪的好幾條線，叫做「移動平均線」，簡稱「均線」。這就是構成線圖的三個要素。均線是用來預測股價變化的其中一個代表性指標，技術面分析使用的指標統稱「技術面指標」。

因關注焦點而變化的分析方式

一根K線標示著一定期間價格的開盤價、收盤價、

■ 基本上怎麼看線圖？

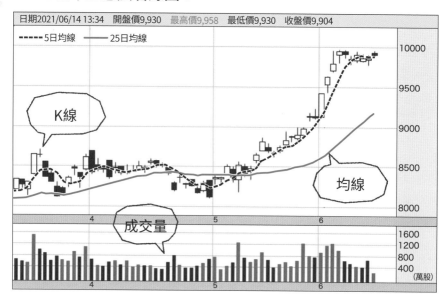

日期2021/06/14 13:34　開盤價9,930　最高價9,958　最低價9,930　收盤價9,904

- - - - 5日均線　────25日均線

K線

均線

成交量

最高價、最低價。上圖叫做日K線圖，每一根K線都代表一天中發生的價格變動。各種分析K線的方法則統稱「K線分析」。

均線是由過去一定期間數值的平均值所形成的線，透過這些均線可以了解個股的「趨勢」。趨勢指的是價格變化的「傾向」，顯示出個股上漲或下降的線圖圖形。用來解讀趨勢的技術面指標稱為「趨勢類指標」，解讀趨勢類指標並預測價格變化的方法則稱為「趨勢分析」。

　　另外還有「震盪分析」，使用「震盪類指標」的技術面指標來分析價格變化。震盪指標顯示個股目前「買氣過熱」或是「賣壓過高」，具代表性的指標包含慢速 KD 隨機指標、RSI、RCI 等。

　　最後，「圖形結構分析」則是分析線圖中價格變化所形成的圖形，以雙底、雙頂、頭肩等為代表。

① K 線分析——
從 K 線了解股價變動

從 K 線的顏色和形狀了解股價變化

接著來學習「K線分析」吧，這是具有代表性的技術面分析方法。首先，我們先來了解 K 線怎麼看。K 線如右頁的圖所示，柱體的上下有影線，柱體部分則稱為「實體」。

K 線標示了一定期間的「開盤價」「收盤價」「最高價」「最低價」等資訊。

K 線一般分成實體是白色或紅色的「紅 K 線」，以及實體是黑色或綠色的「黑 K 線」。

紅 K 線代表收盤價高於開盤價，黑 K 線則是收盤價低於開盤價。紅 K 線的實體下端是「開盤價」，上端是「收盤價」；黑 K 線的實體下端是「收盤價」，上端是「開盤價」。上影線代表該期間的「最高價」，下影線代表「最低價」。

■ 看 K 線可以知道的價格變化 ❶

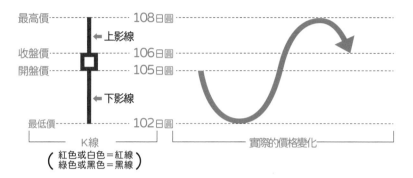

開盤價	該期間最初的股價
收盤價	該期間最後的股價

最高價	該期間最高的股價
最低價	該期間最低的股價

　　開盤價是 K 線所示期間（例如日 K 線就是代表一天）的起始價格，收盤價是該期間結束時的價格。最高價是該期間出現的最高價格，最低價是該期間出現的最低價格。上下影線分別代表最高價和最低價，如果最低價和收盤價相同，且最高價和開盤價相同，那 K 線就不會有影線，只會有實體。

　　了解這些基礎知識後，再看看圖上的 K 線，其代表開盤價 105 日圓，一度跌到最低價 102 日圓，然後上漲到最高價 108 日圓，最後收盤價是 106 日圓。如果這根 K 線是一小時 K 線的其中一根，那就代表這些價格變化發生在

一小時之中。

這就是單根 K 線的查看方式。查看 K 線時，只要先看它是「紅 K 線」還是「黑 K 線」，了解紅 K 線的價格是由低到高，黑 K 線的價格是由高到低變化，就能立刻知道實體的上緣／下緣是開盤價或收盤價了。

然後，如果有影線，那上影線是最高價，下影線是最低價。

從 K 線的長度和形狀，看出股價變化的強弱！

了解如何看 K 線之後，再來進一步看「K 線形狀代表什麼樣的股價變化」。

K 線的形狀就像「說故事」般，道出一定期間的股價變化。只要仔細觀察 K 線的形狀，就會知道股價發生過什麼樣的變化。

如果是有上影線和下影線的紅 K 線，就代表股價曾經從開盤價跌到最低價，也曾經強勢漲到最高價，最後落在收盤價。黑 K 線的話，股價變化則相反。如果這是日 K

線，開盤價就是第一個成交價，收盤價則是最後一個成交價。

　　如果股價從開盤價大幅上漲到收盤價，那 K 線就會有很長的實體，並且形成紅 K 線；反過來說，股價大跌時會出現實體很長的黑 K 線。另外，如果股價分別有不同的最高價和最低價，但開盤價和收盤價相同時，出現的 K 線就不會有實體，而是「十字」形。

■ 看 K 線可以知道的價格變化❷

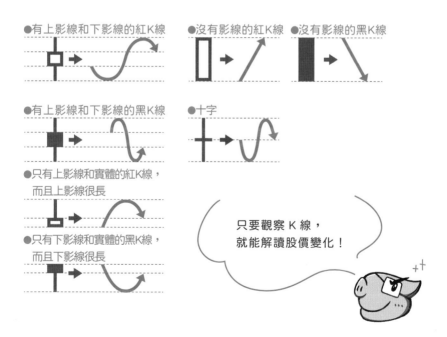

當最高價和開盤價相同、最低價和收盤價相同時，會出現沒有上下影線、只有實體的 K 線。沒有影線就表示股價從開盤價一口氣上漲到收盤價，或是從開盤價一路跌到收盤價，因此可以視為「強勁的股價變動」。

　　當股價大幅上漲，卻因為強勢賣壓而急速下跌時，上影線就會很長；當股價大幅下跌，卻因為強勢買盤而急速上漲時，下影線就會很長。所以，長長的影線代表「產生強勁的相反力量」。

　　另外，如果最高價和收盤價不同，但開盤價和最低價相同時，就會形成只有上影線和實體的紅 K 線；如果最低價和開盤價不同，但收盤價和最高價相同，就會形成只有下影線和實體的紅 K 線。

　　所以說，由於股價變化的不同，K 線有各式各樣的形狀。藉由仔細觀察 K 線的形狀，我們可以知道一定期間內股價如何變化。

短期操作必備的日線、周線

觀看不同線圖的四種方式

學會看線圖之後，新手會先遇到一個疑問，那就是「該看什麼時間的線圖」。線圖分成多種時間，最受歡迎的是「日K線」，也就以一根K線代表一天。

不過，只要看日K線就好了嗎？並不是。操盤方式分成四大類，每個種類觀看的線圖不同。

第一個操盤方式是通稱「剝頭皮交易」的超短期交易，以數分鐘到數十分鐘為單位進行下單與停損停利，主要用在外匯操作。

第二種是通稱「當沖交易」的短期交易，以數十分鐘到數小時為單位進行下單與停損停利，在股市中非常受歡迎。

第三種是「波段交易」，以數天到數周為單位進行下

單與停損停利，在股市中算是一種短期交易。

第四種是「中長期投資」，以數個月到數年為單位長期持有個股。

各種類的操盤期間不同，應觀看的線圖時間也有所不同。

從多種線圖，觀察股價變化

那麼，做當沖交易的人只要看一小時 K 線就行了嗎？那也不對。因為在縱橫股市的人之中，有的人是看日 K 線判斷大局，有的人是看 5 分鐘 K 線尋找下單時機，因為有各式各樣的投資人，所以股價在各種判斷下形成。

我認為，基本上要從多數人參考的日 K 線掌握股價的大致變動方向，然後觀看 15 分鐘 K 線或 5 分鐘 K 線等以分鐘為單位的 K 線，來確定短期的漲跌，尋找下單時機，運用多種線圖操盤比較有優勢。

基本上，時間較長的 K 線用來「掌握大局」，時間較短的 K 線用來「尋找下單（買賣）的時機」。因為，如

果只看日 K 線操盤，要是個股短期趨勢向下走，反而無法
找到適當的時機買賣。

　　請不要侷限於一種時間的 K 線，觀看多種時間的線
圖，從宏觀和微觀兩個方面觀察股價如何變化吧。

不同的操盤種類要觀看不同的線圖，時間較
長的線圖有助於「掌握大局」，時間較短的
線圖則幫助投資人「尋找買賣時機」！

顯示趨勢的
代表性 K 線

實體的大小和影線的長度也是提示！

K 線代表一定期間的股價變化，除了紅 K 線和黑 K
線的差異，股價變化還會影響實體的大小和影線的長度，
使 K 線擁有各式各樣的形狀。其中有幾個種類是投資人會
特別關心的形狀。

我接下來介紹的 K 線都是經常能有效預測股價變化
的訊號，透過這些 K 線形狀，可以預測股價趨勢、未來漲
跌等等，請務必記起來。

Ⓐ 長紅 K 線和長黑 K 線

影線以外的實體部分很長的紅 K 線和黑 K 線，分別
稱為「長紅 K 線」和「長黑 K 線」。這種 K 線顯示出股
價從開盤價一路強勢走到收盤價。看到長紅 K 線，可以猜

■ 主要的 K 線特徵

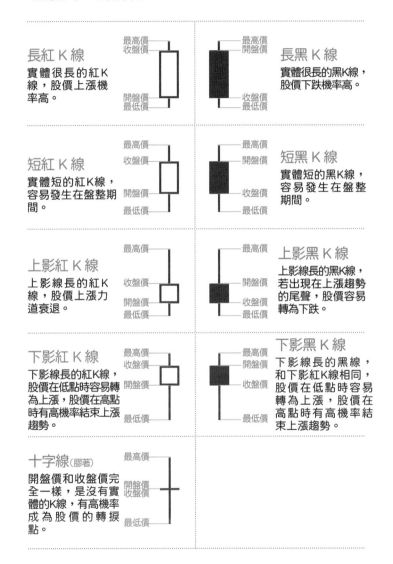

長紅 K 線
實體很長的紅K線，股價上漲機率高。

最高價
收盤價
開盤價
最低價

長黑 K 線
實體很長的黑K線，股價下跌機率高。

最高價
開盤價
收盤價
最低價

短紅 K 線
實體短的紅K線，容易發生在盤整期間。

最高價
收盤價
開盤價
最低價

短黑 K 線
實體短的黑K線，容易發生在盤整期間。

最高價
開盤價
收盤價
最低價

上影紅 K 線
上影線長的紅K線，股價上漲力道衰退。

最高價
收盤價
開盤價
最低價

上影黑 K 線
上影線長的黑K線，若出現在上漲趨勢的尾聲，股價容易轉為下跌。

最高價
開盤價
收盤價
最低價

下影紅 K 線
下影線長的紅K線，股價在低點時容易轉為上漲，股價在高點時有高機率結束上漲趨勢。

最高價
收盤價
開盤價
最低價

下影黑 K 線
下影線長的黑線，和下影紅K線相同，股價在低點時容易轉為上漲，股價在高點時有高機率結束上漲趨勢。

最高價
開盤價
收盤價
最低價

十字線（膠著）
開盤價和收盤價完全一樣，是沒有實體的K線，有高機率成為股價的轉捩點。

最高價
開盤價
收盤價
最低價

測股價繼續上漲的機率高；看到長黑 K 線，可以猜測股價繼續下跌的機率高。

Ⓑ 短紅 K 線和短黑 K 線

　　有別於長紅 K 線和長黑 K 線，短紅 K 線和短黑 K 線指的是實體短的紅 K 線和黑 K 線。這種 K 線容易出現在趨勢中的僵持局面，或是非上漲也非下跌趨勢的盤整期間。在趨勢轉換的時候，經常連續出現這種 K 線。

Ⓒ 上影紅 K 線和上影黑 K 線

　　指的是上影線特別長的紅 K 線和黑 K 線，基本上經常成為賣出訊號。

　　上影紅 K 線出現時，雖然收盤價比開盤價高，但其實顯示股價從最高價快速下滑的結果，因此可以看作上漲力道衰退的訊號。

　　另外，上影黑 K 線是上漲力道更加衰退的狀態。若上

影黑 K 線出現在上漲趨勢的尾聲，股價經常會轉為下跌。

Ⓓ 下影紅 K 線和下影黑 K 線

指的是下影線特別長的紅 K 線和黑 K 線，基本上經常成為「買進」訊號，但有時候也有可能暗示投資人該賣出。

當股價位於低點，可能是下跌趨勢的尾聲，這時如果出現下影紅 K 線或下影黑 K 線，代表有強勁的買盤，股價有高機率從目前的「谷底」轉為上漲。不過，如果下影紅 K 線或下影黑 K 線出現在持續一陣子的上漲趨勢中，就有可能是股價接近「天花板」的訊號，代表上漲趨勢快要結束了。

所以說，出現下影紅 K 線或下影黑 K 線時，投資人必須查看目前的走勢狀況來判斷。

下影紅 K 線和下影黑 K 線是擺脫高點或低點的訊號！

Ｅ 十字線

開盤價和收盤價完全一樣時，會出現沒有實體的十字形Ｋ線。這種Ｋ線代表買方和賣方的拉鋸，目前的股價有高機率成為股價的轉捩點，也就是說之後的趨勢很有可能會有變化。

看看實際的線圖

以上就是具代表性的Ｋ線形狀。對投資新手來說，可能很難一口氣全部記住，不過也不要死背這些形狀，請搭配實際的線圖一起看，應該會比較容易理解Ｋ線的代表意義，像是「上漲趨勢中經常出現長紅Ｋ線」「出現十字線之後，趨勢會變化」等等。請各位一定要搭配線圖確認喔！

Ｋ線的形狀會告訴我們股價趨勢以及之後的變化。請搭配線圖一起記！

組合 K 線掌握
更多資訊！

看穿趨勢轉換之際

　　了解單根 K 線的意義後，接著來看如下頁圖般組合多根 K 線後所代表的意義，學習如何更深入分析股價狀況。

　　首先介紹「懷抱線」，指的是在長黑 K 線和長紅 K 線之後，出現較短且開盤價和收盤價在該長黑 K 線和長紅 K 線範圍內的 K 線，而且條件是長黑 K 線之後出現短紅 K 線，或長紅 K 線之後出現短黑 K 線。這個組合看起來就像是較長的線「抱住」較短的線一樣，所以稱作「懷抱線」。出現這個組合時，通常是股價趨勢轉換的時候。

　　接著介紹的是「烏雲罩頂」，由長紅 K 線和黑 K 線組成，長紅 K 線的下一根 K 線是黑 K 線，而且股價最終下跌到這根長紅 K 線的中間位置。這個組合代表上漲趨勢結束，也就是股價「碰到天花板」的訊號。

　　「貫穿線」則反過來，代表下跌趨勢結束，股價「觸

■ 主要的 K 線特徵

懷抱線(母子線)

 長黑K線之後出現短紅K線,通常是股價趨勢轉換的時候。

 長紅K線之後出現短黑K線,通常是股價趨勢轉換的時候。

烏雲罩頂

 黑K線的股價下跌到前一天長紅K線的中間位置,代表股價碰到天花板的訊號。

貫穿線

 紅K線的股價上漲到前一天長黑K線的中間位置,代表股價觸及地板的訊號。

遭遇線(反攻線)

 由黑K線和紅K線組成,紅K線的開盤價比前一天黑K線的收盤價低很多,但最終紅K線的收盤價上漲到黑K線的收盤價附近,是股價轉為上漲的訊號。

 由紅K線和黑K線組成,黑K線的開盤價比前一天紅K線的收盤價高很多,但最終黑K線的收盤價下跌到紅K線的收盤價附近,是股價轉為下跌的訊號。

鑷子

 鑷頂 前一天的紅K線和當天的黑K線最高價相同,代表股價碰到天花板的訊號。

 鑷底 前一天的黑K線和當天的紅K線最低價相同,代表股價觸及地板的訊號。

及地板」的訊號。這個組合是在長黑 K 線之後出現紅 K 線，
而且股價上漲到這根長黑 K 線的一半位置之上。

　　有時候，在下跌趨勢中，出現黑 K 線之後隔天開出
紅 K 線，紅 K 線的開盤價比黑 K 線的收盤價低很多，但
是收盤價上漲到黑 K 線的收盤價附近，這種狀況可以視為
股價轉為上漲的訊號。反過來也一樣，在上漲趨勢中，出
現紅 K 線之後隔天開出黑 K 線，黑 K 線的開盤價比紅 K
線的收盤價高很多，但是收盤價下跌到紅 K 線的收盤價附
近，這是股價轉為下跌的訊號。以上兩種組合都稱為「遭
遇線」。

　　最後介紹「鑷頂」和「鑷底」。先出現的紅 K 線和隔
天出現的黑 K 線最高價相同時稱作「鑷頂」，如果出現在
上漲趨勢中的高點位置，就代表股價碰到天花板的訊號。
「鑷底」則反過來，指的是先出現的黑 K 線和隔天出現的
紅 K 線最低價相同，如果出現在下跌趨勢中的低點位置，
就代表股價觸及地板的訊號。

最強勢的訊號──吞噬線

　　在全世界通用的 K 線分析法中，大家都知道而且最

厲害的 K 線組合是什麼呢？答案是「吞噬線」。

　　如下圖所示，在黑 K 線之後，出現把這根黑 K 線包住（吞掉）的長紅 K 線時，就稱為「多頭吞噬線」。如果多頭吞噬線出現在下跌趨勢中的低點位置，就代表強烈的轉多訊號（股價轉為上漲趨勢的訊號）。

　　反過來說，在紅 K 線之後，出現把這根紅 K 線包住（吞掉）的長黑 K 線時，就稱為「空頭吞噬線」。如果空頭吞噬線出現在上漲趨勢中的高點位置，就代表強烈的轉空訊號（股價轉為下跌趨勢的訊號）。

■ 吞噬線的一個實例

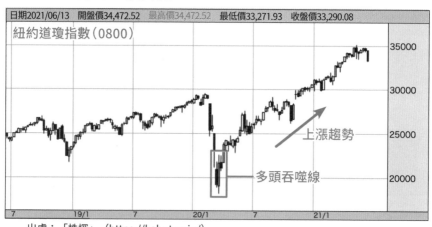

出處：「株探」（https://kabutan.jp/）

小心別被「障眼法」給迷惑了！

　　吞噬線並不是一出現就絕對有效！所有的技術面指標都存在「障眼法」，就算出現了也沒有效果。吞噬線要同時滿足以下條件，只有在這種時候進場才能提高勝率，請用這個方法判斷是否為「障眼法」：

❶ 多頭吞噬線出現在低點位置；空頭吞噬線出現在高點位置。

❷ 出現在一小時 K 線、日 K 線、周 K 線等大範圍的 K 線。

　　1 分鐘 K 線、5 分鐘 K 線這種分鐘 K 線經常會出現吞噬線。就因為經常出現，其實是障眼法的機率很高，可以不用特別關注。

> 兩根 K 線組合暗示趨勢轉換，尤其「吞噬線」是強勢的訊號！

②趨勢分析——
從整張線圖的形狀分析

從股價變化的「傾向」、「動向」、「方向」分析

接下來，我們來學習具代表性的技術面分析——「趨勢分析」。

趨勢就是指股價變化的「傾向」「動向」「方向」，可以分成三大類。

請看右頁的日 K 線圖，你有沒有發現，股價一開始經歷一段期間的「持續上漲」，接著進入「平移的狀態」，然後轉為「持續下跌」？

你再仔細觀察持續上漲時的股價變化，以及持續下跌時的股價變化，你應該會看到，其中也有微幅的上下震盪、漲漲跌跌的狀態。在股價平移時，也會在一定範圍內上下起伏。

這個持續上漲的期間稱為「上漲趨勢」，持續下跌的

期間稱為「下跌趨勢」，平移的期間稱為「盤整」。盤整
期間又可以稱為「箱型股價區」。

　　如果用比較宏觀的角度來看，股價變化基本上都離
不開這三種狀態的其中一種。而且，趨勢這種東西一旦出
現，即使股價會反覆地微幅震盪，以長期來看仍會維持同
一個方向。

　　所以說，當股價處於上漲趨勢時，因為容易上漲，投

■ 趨勢的種類

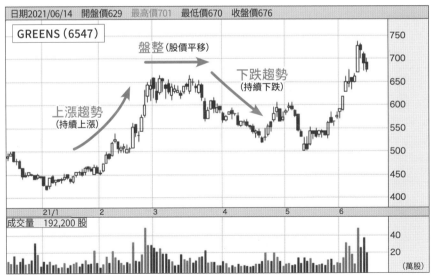

出處：「株探」（https://kabutan.jp/）

資人買進股票比較有優勢（勝率較高）。當股價處於下跌趨勢時，因為容易下跌，投資人放空股票比較有優勢。像這樣跟隨趨勢的操作稱為「順勢操作」，做出和趨勢相反的操作稱為「逆勢操作」。趨勢是投資人進行技術面分析的必備常識，請各位務必牢記。

另外，從趨勢進入盤整，以及從盤整進入趨勢的分界，都稱為趨勢的「轉捩點」。只要你能確實掌握「轉捩點」，就能賺進大把收益，不過也需要具備知識和經驗才能辦到。在還沒熟悉之前，建議先等趨勢成形後順勢操作，這樣比較能提高勝率。

從均線可以知道什麼？

均線是「收盤價的平均值」

我在第114頁介紹過,趨勢是股價變化的「傾向」「動向」「方向」,一旦出現,即使股價會反覆地微幅震盪,也仍會維持同一個方向一陣子。所以說,只要看透趨勢,沿著那個方向買賣,就能提高勝率。

那麼,該怎麼看透趨勢呢?最受歡迎的工具就是「均線」。

均線是用曲線標示一定期間的股價收盤價的平均值,例如日 K 線圖上的「25 日均線」,就是過去 25 天的收盤價平均值所連成的線。畫出這條線之後,投資人就可以從更廣的視角看見股價變化的傾向,也就是趨勢,這是光靠 K 線(每天的股價)難以發現的要素。

均線是最受歡迎的指標,有很多投資人會拿均線當參考,所以均線會將投資人的選擇忠實反映在市場上。換句

■ 何謂均線？

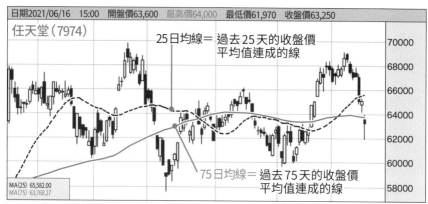

出處：「株探」（https://kabutan.jp/）

話說，運用均線很容易掌握市場消息。

一般常用的均線有日 K 線圖上的 5 日均線、10 日均線、25 日均線、75 日均線。

話說回來，你是否好奇在 1 小時 K 線或 5 分鐘 K 線圖上，拿 5 根 K 線（也就是 1 小時 K 線圖上的 5 小時股價）的收盤價平均值連成的均線怎麼稱呼？線圖有分各種時間長度的單位，均線則可以統一用「根」來稱呼。5 根 K 線的平均值就是「5 根均線」，25 根 K 線就是「25 根均線」，這種稱呼方式適用於各種時間單位的線圖。

另外，均線的英文是「Moving Average」，通常簡稱

MA。如果你看到「25MA」，那就是指在那張線圖上，由
25 根 K 線的收盤價平均值所連成的線。

　　基本上，任何種類的均線都能使用，我推薦初學者
使用短期（5MA、10MA、25MA）、中長期（50MA、
75MA、200MA）兩種，或短期（5MA、10MA、25MA）、
中期（50MA、75MA）、長期（200MA）三種。為什麼要
使用不同期間的均線呢？不能看一種就好嗎？請讓我在後
面章節說給你聽。

均線和股價（K 線）的關係

注意均線和 K 線的相對位置！

認識均線是什麼以後，接下來就要學習怎麼使用均線進行分析。

首先，請各位注意均線和股價（K 線）的關係。均線是由過去一定期間的收盤價平均值連成的線，當 K 線的位置比均線高時，你知道這究竟代表什麼意思嗎？

如果那條均線是 25 日均線，就表示現在的股價比過去 25 天的收盤價平均值還高，持有這檔個股的投資人很可能有未實現收益（買得划算）。而且，我們可以說目前的股價處於上漲趨勢。

反過來說，如果 K 線位於均線下方，持有這檔個股的投資人很可能有未實現虧損，而且，目前的股價可以說是處於下跌趨勢。

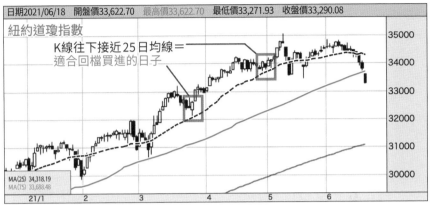

■ 運用均線找到「回檔買進」的機會!

日期2021/06/18　開盤價33,622.70　最高價33,622.70　最低價33,271.93　收盤價33,290.08

紐約道瓊指數

K線往下接近25日均線＝
適合回檔買進的日子

MA(25) 34,318.19
MA(75) 33,688.48

出處:「株探」(https://kabutan.jp/)

　　所以說,如果股價(K線)位在均線上方,買進的勝率比較高;如果在均線下方,放空的勝率比較高。

　　不過,這些都只是基礎概念。像5MA和K線的相對位置就很少有差異,容易形成障眼法。

　　所以,在線圖上顯示短期和長期兩條均線,或是短期、中期、長期三條均線,看準所有均線都「向上走」或是「向下走」的時候操作,就可以提高勝率。因為當所有均線向上走,就代表有非常強勁的買盤;當所有均線向下走,則代表有非常強勁的賣壓。

　　在這種狀態下,當K線接近短期的均線之後,像是碰

到均線而反彈般上下震盪，就是勝率高而且適合進場的時機了。如前面所說，在上漲趨勢或下跌趨勢中，股價會微幅漲漲跌跌，投資人可以掌握股價漲跌時的好時機下單。

　　即使在上漲趨勢中，稍微下跌的時候買進，總比在股價高的時候買進好。這種操作方法在做多時稱為「回檔買進」，做空時稱為「反彈放空」。

注意均線的排列順序和乖離率

「完美順序」是？

第 122 頁介紹了「回檔買進」和「反彈放空」的操作方法，當趨勢形成時出現上下震盪的股價變化，投資人可以透過這種方法在適合的時機買賣。當所有均線往同個方向傾斜時，在 K 線接近短期均線，然後要反彈的時候，就是投資人該進場的時候。其實，在這個情形下，如果再加上某個條件，勝率會更高喔！

這個條件就是「均線的排列順序」。

均線並不會總是以短期、中期、長期的順序排列。有時候三條均線會糾纏在一起，這種時候通常都是股價趨勢轉換的過渡期，也就是「盤整」的狀態。

那麼，在什麼樣的均線狀態下，股價會形成「強勁的趨勢」呢？答案是在上漲趨勢中，均線「由上而下依序為短期、中期、長期」，以及在下跌趨勢中，均線「由下而

■ 完美順序和乖離率

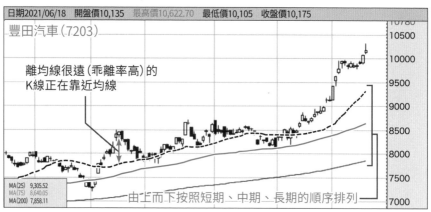

| 日期2021/06/18 | 開盤價10,135 | 最高價10,622.70 | 最低價10,105 | 收盤價10,175 |

豊田汽車（7203）

離均線很遠（乖離率高）的
K線正在靠近均線

MA(25) 9,305.52
MA(75) 8,640.05
MA(200) 7,858.11

由上而下按照短期、中期、長期的順序排列

出處：「株探」（https://kabutan.jp/）

上依序為短期、中期、長期」的排列順序。

在這個狀態下，如果是上漲趨勢，均線都往上走（如果是下跌趨勢，均線都往下走），而且還發生在 1 小時 K 線圖或日 K 線圖這種較長時間的線圖上時，我們就可以說這是強勁的趨勢。這種均線的排列順序稱為「完美順序」。出現完美順序時，如果 K 線靠近均線又似乎要反彈的話，那投資人運用「回檔買進」或「反彈放空」就能提高勝率。

均線與 K 線的距離也很關鍵

　　均線的「乖離率」也是投資人要注意的指標。舉個例來說，在上漲趨勢中，股價上漲，K 線離短期均線（最上方的均線）愈來愈遠，這代表市場過熱，股價飆漲。

　　離均線太遠的股價總有一天會從過熱狀態中降溫，回到均線位置附近。投資人可以運用這個特性，當 K 線離均線太遠時，就依照均線的價格下單，這就是利用均線「乖離率」的操作方法。

從支撐線判斷上漲趨勢

「向下衝破」支撐線時要注意

要判斷趨勢，除了均線外，投資人也常使用「趨勢線」。趨勢線是挑選幾個「低點」或「高點」連起來的線。

股價上漲時，將低點連起來的線稱為「上漲趨勢線」；股價下跌時，將高點連起來的線稱作「下跌趨勢線」。

股價在趨勢中通常會微幅上下震盪，不過劃出趨勢線之後，就可以排除那些上下震盪的干擾來進行分析。

比如說，當你看到股價靠近上漲趨勢線之後準備反彈的樣子，就可以順勢操作，來個回檔買進，提高勝率。

另外，這條上漲趨勢線就像是從低點支撐股價一樣，所以又稱作「支撐線」，英文是「support line」。

運用這條支撐線可以找到上漲趨勢瓦解的瞬間。當 K 線接近支撐線，又反彈往上走時，表示趨勢仍會持續。但當 K 線走到支撐線下方，上漲趨勢就很有可能要結束了。

■ 支撐線的使用方式

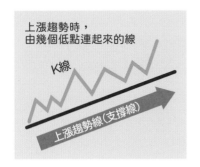

上漲趨勢時，
由幾個低點連起來的線

K線

上漲趨勢線(支撐線)

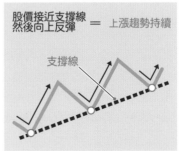

股價接近支撐線
然後向上反彈 ＝ 上漲趨勢持續

支撐線

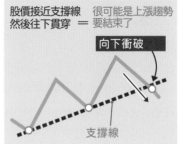

股價接近支撐線 很可能是上漲趨勢
然後往下貫穿 ＝ 要結束了

向下衝破

支撐線

　　我們通常會將 K 線走到趨勢線下方稱為「突破」，
如果是走到支撐線下方則可以特別稱為「向下衝破」。

　　不過，別因為向下衝破支撐線就想馬上賣掉，這可
是很危險的想法。畢竟在趨勢剛生成時，因為趨勢的模樣
還不固定，有可能只是震盪得比較劇烈，之後又會回到趨
勢。所以，當股價突破趨勢線後，請確認 K 線重新靠近該
條支撐線，但又再度下跌，這時候做空就能提高勝率。

從壓力線判斷下跌趨勢

有助於判斷「反彈放空」時機的壓力線

在股價下跌的時候，由高點連起來的線可以看成是下跌趨勢線。

這條由高點連起來的下跌趨勢線又叫做「壓力線」，英文是「resistance line」。

和我在第 126 頁介紹的支撐線相反，當 K 線接近壓力線又準備反彈的時候，以順勢操作進行「反彈放空」可以提高勝率。另外，突破壓力線的狀況又可以稱為「向上衝破」。

一般來說，「股價經常緩慢上漲、快速下跌」，所以壓力線通常比支撐線的斜率還要陡峭。

也因此，當 K 線突破支撐線，明顯轉為下跌趨勢後，投資人必須盡快做決定，等股價瞬間崩盤就來不及了。

突破趨勢線的狀況不容易判斷

這些運用趨勢線進行「回檔買進」和「反彈放空」，以及突破趨勢線後的操盤手法統稱為「線性操盤」，因為這類投資人會在線圖上畫線，然後根據那些線來投資。

■ 壓力線的使用方式

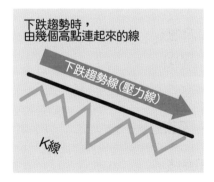

下跌趨勢時，
由幾個高點連起來的線

下跌趨勢線（壓力線）

K線

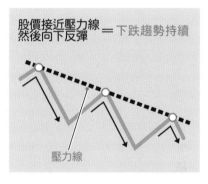

股價接近壓力線
然後向下反彈 ＝ 下跌趨勢持續

壓力線

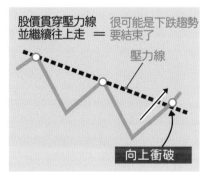

股價貫穿壓力線
並繼續往上走 ＝ 很可能是下跌趨勢要結束了

壓力線

向上衝破

但是，要判斷趨勢的轉換點，對於進階操盤手來說也是很困難的事。就算股價突破趨勢線，也有可能是趨勢的範圍擴大，股價很快就回到原本的位置，或是在突破後陷入很長的盤整狀態，很難讓投資人獲利。

　　投資新手如果想在股價天花板賣出，或是在股價地板買進，這種以「逆勢操作」的心態尋找趨勢轉換點的做法其實很危險。請仔細觀察股價，熟悉之後再挑戰。

用來判斷買賣時機的「交叉」是？

別錯過均線交叉的時機！

要判斷趨勢轉換點是非常困難的事。

股價突破趨勢線有可能只是障眼法，如果你看見K線貫穿趨勢線，卻沒有仔細觀察股價的話，很可能會受傷。

有人會運用均線來判斷趨勢轉換點，在線圖上顯示出多條均線，把短期均線和長期均線「交叉」的時機看作是趨勢轉換點。

請看下頁的圖，一開始以長期均線（例如75MA）、短期均線（例如25MA）、K線的順序排列，可以知道股價處於下跌趨勢。但是，當K線開始往上爬，突破了短期均線，短期均線也開始往上走，改變了傾斜方向，連長期均線的斜度也漸漸變得平緩。

然後，當短期均線「由下往上」與長期均線「交叉」，

■ 黃金交叉和死亡交叉

接著 K 線也緩慢向上，排列順序就由上而下變成了 K 線、短期均線、長期均線。如同前面所介紹的，這種時候股價很有可能轉為上漲趨勢。

投資人在這種短期均線「由下往上」或是「由上往下」與長期均線「交叉」時下單，就很有機會抓到趨勢轉換點。

「由下往上交叉」稱為「黃金交叉」，「由上往下交叉」則稱為「死亡交叉」。不過，均線的交叉當然也存在障眼法，投資人操盤時，請盡量運用日 K 線之類的長期間線圖，比較容易提高勝率。

　　另外，加上一些條件也能減少被障眼法騙的風險，像是「所有均線都往上走＋黃金交叉」以及「所有均線都往下走＋死亡交叉」。

　　而分鐘 K 線等較短期間的線圖，會頻繁出現均線交叉的現象，請特別注意。

運用「葛蘭碧法則」
判斷買賣時機

計算買賣點的必備資訊

　　「葛蘭碧法則」是透過 K 線與均線的相對位置來判斷買賣時機的法則。

　　葛蘭碧法則分為四個買進訊號和四個賣出訊號。

　　第一個買進訊號是趨勢轉換點，也就是在股價下跌且均線往下走之後，開始進入盤整狀態或是轉為上漲，然後 K 線由下往上與均線交叉的時候。

　　第二個買進訊號是在均線開始往上走之後，K 線由上往下與均線交叉的時候。這是因為投資人期待 K 線之後會反彈回到均線之上，所以下單買進。這時候不要急著在往下交叉的瞬間買進，而是等股價開始反彈再進場，勝率比較高。另外，K 線沒有往下與均線交叉，而是小跌之後反彈再度上漲，這時候買進也是一種回檔買進的操作。

■ 葛蘭碧法則

「買進」訊號	「賣出」訊號

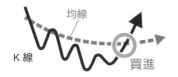

當K線由下往上與盤整或上升中的

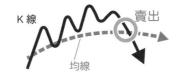

當K線由上往下與盤整或下降中的

當K線由上往下與上升中的均線交叉，然後再度開始上漲時「買進」（回檔買進）

當K線由下往上與下降中的均線交叉，然後再度開始下跌時「賣出」（反彈放空）

當均線往上走、K線往下走，然後兩者未交叉且股價上漲時「買進」（回檔買進）

當均線往下走、K線往上走，然後兩者未交叉且股價下跌時「賣出」（反彈放空）

當均線和K線都往下走，而且K大幅

當均線和K線都往上走，而且K大幅

最後一個買進訊號是運用均線乖離，在均線和 K 線都往下走，K 線大幅遠離均線的時候。

訊號的模樣基本上都是對稱的，賣出訊號的種類請參考上頁的圖。

如何面對「盤整」的局面?

盤整時徹底觀察情勢才安全

我在第114頁曾說過,股價可大致分為「上漲趨勢」「下跌趨勢」「盤整」三種狀況,遇到其中的「盤整」局面時,我們該怎麼操盤呢?

「盤整」指的是股價在一定範圍內重複上下震盪的狀態,沒有明顯的趨勢,所以投資人無法沿著趨勢下單做「順勢操作」。而且,有很多操盤手都會在這時觀察情勢,所以交易量也會下降。

換句話說,盤整狀態可以說是多數投資人不抱持期待的狀態。

當股價處於盤整局面,投資人的基本做法就是觀察情勢。在盤整結束後開始有明顯的股價變化時,順著股價變化的方向交易比較有機會獲利。

如何尋找盤整結束的訊號？

那麼，投資人要怎麼判斷盤整結束的時機呢？由於盤整是股價在一定範圍內重複微幅上下震盪的狀態，所以投資人首先要畫出此範圍上限和下限的水平線，這兩條水平線和趨勢中的趨勢線功能相同。

■ 盤整結束訊號的找法

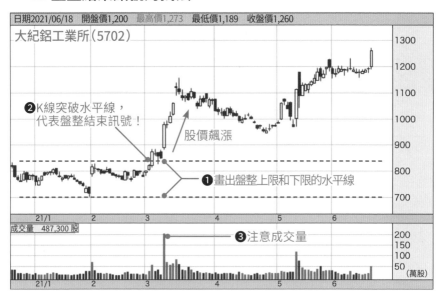

日期2021/06/18　開盤價1,200　最高價1,273　最低價1,189　收盤價1,260

大紀鋁工業所（5702）

❷K線突破水平線，代表盤整結束訊號！

股價飆漲

❶畫出盤整上限和下限的水平線

成交量　487,300 股

❸注意成交量

出處：「株探」（https://kabutan.jp/）

在股價盤整時，投資人也按兵不動，等股價飆漲後再「做多」，股價崩跌後再「做空」。

　　比如說，當 K 線突破盤整範圍的上限，看起來好像
會直接往上衝的話，就是適合下單買進的時機。

　　我們可以把股價脫離盤整狀態而大漲的情形稱為「飆
漲」，大跌的情形稱為「崩跌」。

　　另外，盤整狀態不一定呈現水平的模樣，有時候會像
三角形，我們稱這個狀態為「三角型態」。除此之外，還
有「三角旗形」「旗形」「楔形」等各式各樣的形狀。

從布林通道
找出買賣時機

K 線超出通道就是提示

　　「布林通道」是很有名的趨勢類指標，發明它的人是美國的財務分析師約翰・布林格（John Bollinger）。布林通道是一種帶狀指標，由中央的均線和上下各一條運用統計學推算出的「標準差線」所形成。分析線圖的工具通常都能顯示布林通道。

　　布林通道的特性是當趨勢發生時，股價大幅變化，因此通道會變寬，盤整局面時則會因為股價膠著而變窄。而且，股價通常會在通道範圍內變化。標準差線由上而下分別稱為「+3σ」「+2σ」「+1σ」，均線之下則是「-1σ」「-2σ」「-3σ」。股價在 ±1σ 範圍內的機率是 68.3%，在 ±2σ 範圍內的機率是 95.4%，在 ±3σ 範圍內的機率是 99.7%。如果股價超過 ±3σ，通常代表市場過熱，大多無法維持超過 ±3σ 的價格，很快就會回到 ±2σ ±1σ。

■ 布林通道的基本查看方式

GREE（3632）

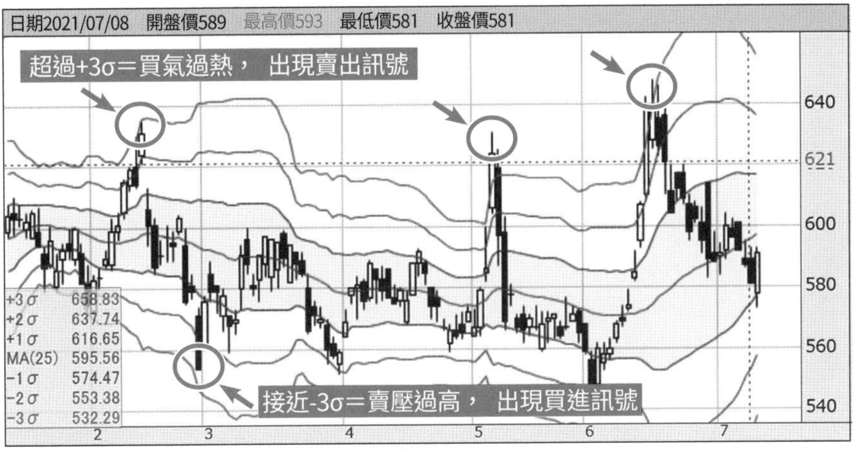
日期2021/07/08 開盤價589 最高價593 最低價581 收盤價581
超過+3σ＝買氣過熱， 出現賣出訊號
接近-3σ＝賣壓過高， 出現買進訊號
+3σ 658.83
+2σ 637.74
+1σ 616.65
MA(25) 595.56
-1σ 574.47
-2σ 553.38
-3σ 532.29
640
621
600
580
560
540
2
3
4
5
6
7

出處：「株探」（https://kabutan.jp/）

因此，布林通道常用來當作「逆勢操作」的指標。很多投資人會在股價（K線）上漲超過 +3σ 時賣出，或是在下跌超過 -3σ 時買進，只要股價超出 ±3σ，就反向下單，因為股價有高機率會回到原本的方向。

不同時機有不同使用方法

不過，布林格本人其實提倡這個指標要用在「順勢操作」才對。在線圖上顯示布林通道後，如果股價即將迎接

一波大趨勢，那 K 線就會以緊貼 ±2σ 的方式，持續朝趨勢方向走。

這個情形稱為「趨勢通道」。如果投資人因為股價碰觸 ±2σ，就以逆勢操作進場，但其實是股價發生了大趨勢的話，那麼股價很有可能一去不復返，投資人的本金就危險了。

雖然布林通道很適合在股價盤整局面當作逆勢操作的指標，但也能在順勢操作時用來確認趨勢是否發生，可以說是很靈活的指標。

一目均衡表

由五條線和「雲」組成的指標

　　「一目均衡表」是日本人細田悟一發明的技術面指標，由於他使用筆名「一目山人」，因此有了這個指標名稱。外國人也稱這個指標為「Ichimoku」（一目的日文發音），在基金經理人和投資人之間很受歡迎。

　　這個指標由「時間論」「變動論」「水準論」三個理論組成，目標是從這三個觀點分析各種影響股價的力量平衡，找出股價趨勢的轉換點。各個理論的細節我就不說了，不過這個指標能幫助投資人分析目前的股價平衡關係，並可預測現狀和未來。一目均衡表可使用月 K 線或 5 分鐘 K 線來看，不過細田悟一認為只有日 K 線可以使用。

　　一目均衡表由「基準線」「轉換線」「先行帶 1」「先行帶 2」「延遲帶」這五條線，以及稱為「雲」的區塊所組成，讓我們依序來看看。

用基準線和轉換線掌握現狀

基準線是一條代表股價動向基準的線，由「（過去
26 天的最高價＋過去 26 天的最低價）÷2」的值連接而
成，和均線很像，往上走代表上漲趨勢，往下走代表下跌
趨勢。

趨勢線則是由「（過去 9 天的最高價＋過去 9 天的最
低價）÷2」連成的線，會顯示出股價趨勢轉換訊號。

基本上，轉換線比基準線高的話適合「做多」，轉換

■ 一目均衡表是什麼？

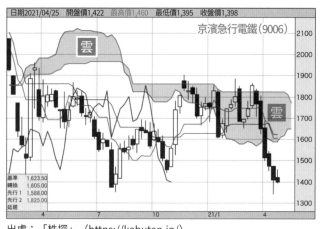

運用五條線和「雲」
來判斷目前股價偏高
還是偏低

出處：「株探」（https://kabutan.jp/）

線比基準線低的話適合「做空」。另外，**轉換線**由下往上
與基準線交叉時稱為「好轉」，由上往下交叉時則稱為「逆
轉」。這和第 131 頁介紹的均線的黃金交叉和死亡交叉很
像。

從雲和 K 線的相對位置確認股價動向

　　先行帶 1 和先行帶 2 是一個組合指標，用來分析目前
的股價變動對未來是否有影響。

　　在先行帶 1 和先行帶 2 之間的區域稱為「雲」，和趨
勢線中的壓力線、支撐線作用類似。

　　也就是說，當 K 線在雲上方時，雲會成為支撐線；K
線在雲下方時，雲會成為壓力線。

　　當 K 線在雲內時，雲的範圍愈大，K 線突破雲的氣勢
愈強，所以投資人通常會以順勢操作進場。

　　另外，先行 1 和先行 2 交叉時，很可能就是股價趨勢
轉換的時機。

用延遲線和二十六天前作比較

延遲線是「以當天的收盤價與 26 天前相比的線」，投資人可以用這條線和 26 天前的股價做比較，了解 26 天前買進的人現在的損益情形。

基本上，延遲線在 K 線的上方代表「好轉」，在 K 線的下方代表「逆轉」訊號。

「三役好轉」和「三役逆轉」是強力指標

一目均衡表最重要的是「三役好轉」和「三役逆轉」。

三役好轉是強烈的買進訊號，指的是❶轉換線在基準線上方、❷ K 線在雲上方、❸延遲線在 K 線上方，必須同時滿足這三個條件。

另一方面，三役逆轉是強烈的賣出訊號，指的是❶轉換線在基準線下方、❷ K 線在雲下方、❸延遲線在 K 線下方。

■ 雲和 K 線的關係

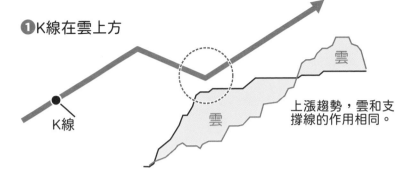

❶ K線在雲上方

K線

上漲趨勢，雲和支撐線的作用相同。

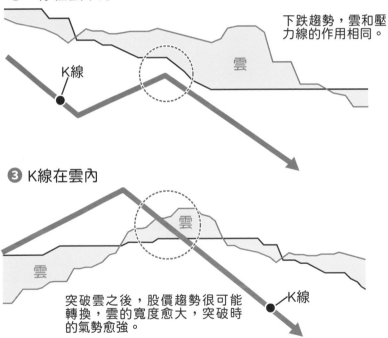

❷ K線在雲下方

下跌趨勢，雲和壓力線的作用相同。

K線

雲

❸ K線在雲內

雲

雲

突破雲之後，股價趨勢很可能轉換，雲的寬度愈大，突破時的氣勢愈強。

K線

一目均衡表要看「基準線＋轉換線」以及「先行帶 1 ＋先行帶 2」的組合。千萬別錯過符合三個條件的「三役好轉」和「三役逆轉」！

均線的發展型態「MACD」

用快線靈敏察覺股價變動

MACD 是一種趨勢型指標,常用來當作逆勢操作的指標。它的全名是「指數平滑異同移動平均線(Moving Average Convergence Divergence)」,看名字可以知道,是運用均線的指標。

原理是取長期和短期兩條指數平滑移動平均線,以這兩條線的差構成「快線(DIF)」。由快線的九天平均值連成的線則稱為「慢線(MACD)」。

相對於 MACD 對於股價變動反應緩慢,DIF 對於股價變動反應很靈敏。

MACD 與 DIF 的交叉是股價轉換期

當 MACD 指標的兩條線交叉時,就像均線交叉一樣,

可以當作股價訊號。DIF 由下往上與 MACD 交叉時,代表「買進訊號」; DIF 由上往下與慢線 MACD 交叉時,代表「賣出訊號」。

　　MACD 指標的兩條線交叉,通常會比均線交叉發生得早,所以投資人與其等待均線交叉,不如觀察 MACD 指標,及早發現股價變動的趨勢。

　　另外,MACD 指標還會附帶顯示「柱狀圖」。柱狀

■ MACD 指標和均線

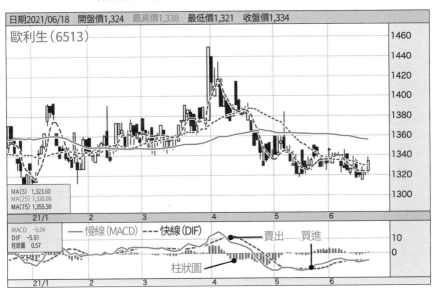

出處:「株探」(https://kabutan.jp/)

圖是由 DIF 減掉 MACD 的值繪製而成，以中央的 0 為軸，往上為正，往下為負。當柱狀圖為正，代表 DIF 大於 MACD；當柱狀圖為負，代表 DIF 小於 MACD。

當股價陷入「盤整」時，DIF 和 MACD 會頻繁地交叉，呈現平移的狀態，交叉本身將變得不再有意義，這就是 MACD 指標的缺點。

你可以試試在不同時間範圍的線圖中叫出 MACD 指標，仔細觀察在什麼樣的股價狀態下，能將 MACD 指標有效地運用在自己的操盤上。

MACD 指標可以幫助投資人及早發現股價變動的趨勢，但在盤整狀態時難以派上用場，請在不同時間範圍的線圖中，多多觀察 MACD 指標吧！

③震盪分析——
均線乖離率

分析「買氣過熱」和「賣壓過強」

接下來,我們來看看四大技術分析中的第三個——「震盪分析」。震盪是指價格上下起伏,像鐘擺來回擺動一樣的狀態。

震盪指標能告訴我們個股現在是「買氣過熱」還是「賣壓過強」。

大部分的指標,都是往上突破的線代表個股買氣過熱,往下的線則代表個股賣壓過強。

不過,在「盤整」狀態,也就是俗稱的「箱型股價區」,股價通常沒有明顯的趨勢,均線和 MACD 指標都會頻繁發生交叉,而那些交叉幾乎都是障眼法。所以,依賴趨勢類指標操盤的投資人,常常會感到束手無策(有時候甚至沒發現股價盤整,反覆進場而造成虧損)。

駕馭技術面分析

在這種盤整局面中，震盪類指標可以派上用場！請各位在線圖上打開震盪類指標，找找看有沒有哪些線圖是 K 線和震盪指標的相對位置一致，例如從「買氣過熱」走到「賣壓過強」的區塊。

只要股價持續盤整，配合震盪指標的上下移動操盤，通常就能締造高勝率。

預想過熱的股價修正

我第一個要介紹的震盪類指標是「均線乖離率」，這在第 123 頁有稍微介紹過。

如果我們把 K 線比喻成鐘擺，當股價離均線太遠時，指標會告訴我們「買氣過熱」或「賣壓過強」，當作我們進場的訊號。

K 線離均線太遠，就代表市場過熱。過熱的市場總有一天會冷卻，股價會回到均線附近，乖離率便是利用了這個特性。

乖離率以百分比表示，請各位在常用的線圖上叫出均

線乖離率，確認 K 線在多少百分比的乖離率下會回到均線附近吧。

個股容易回到均線附近的乖離率，會因個股而不同。只要知道每檔個股的特性，當未來市場過熱時，就比較容易判斷市場冷卻的時機，在操盤上取得優勢。拿類似產業的個股來比較乖離率，也是有效的方法。

順便說一下，震盪類指標基本上都是用來察覺「買氣過熱」和「賣壓過強」，以幫助投資人往反方向進場，所以是「逆勢操作」型指標，雖然對於股價盤整狀態很有效，但在股價趨勢中比較不具作用，還請特別注意了。

震盪分析活用於股價盤整局面。「均線乖離率」可以幫助投資人判斷市場是否過熱。

容易確認的指標：「RSI」

可以用數字判斷的震盪指標

「RSI」是「Relative Strength Index」的簡稱，中文是「相對強弱指數」，在震盪指標中相當具有代表性，能告訴投資人目前股價處於「買氣過熱」還是「賣壓過強」。

RSI 由一定期間股價跌幅的平均值除以漲幅的平均值，並以百分比表示。基本上，我們可以把 RSI 70% 以上視為「買氣過熱」，把 30% 以下視為「賣壓過強」，不過這個分界標準可以用看盤軟體設定，因為有些個股設定為 80% 以上是買氣過熱、20% 以下是賣壓過強比較有效。

由於 RSI 也是震盪指標，在股價盤整局面這種沒有明確趨勢的時候，更能發揮強大威力，尤其能掌握股價從盤整轉變為明確趨勢的「飆漲」和「崩盤」。

這是因為當 RSI 顯示買氣過熱或賣壓過強時，代表股價正位於高點或低點，所以就容易產生很大的反彈力道，

■ RSI 怎麼看？

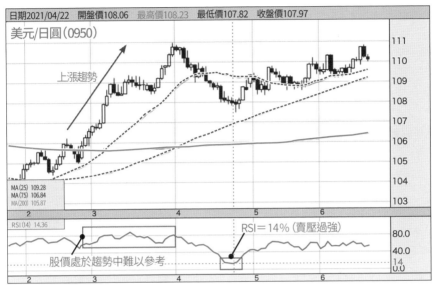

出處：「株探」（https://kabutan.jp/）

使股價「飆漲」或「崩盤」。

在股價盤整時，先確認其他指標，再運用 RSI 指標，能提高投資勝率。假如在均線頻繁交叉，或布林通道變窄，確定股價進入盤整之後，發現 RSI 開始往單一方向走時，或許就是股價脫離盤整的時機。

雖然 RSI 很容易判斷，但如果股價處於明確的趨勢中，RSI 可能就會持續顯示買氣過熱或賣壓過強。另外，

請特別注意，即使 RSI 顯示買氣過熱或賣壓過強，當趨勢力道太強時，RSI 可能就不具任何參考價值。

RSI 可以用來確認股價買氣過熱還是賣壓過強，在股價盤整時很有用，但面對強勁的趨勢時不太有用，請搭配其他指標一起使用。

3章 ㉑

KD 隨機指標

先注意「%K」線

「KD 隨機指標」和 RSI 指標一樣是常用的震盪類指標，雖然也是顯示「買氣過熱」和「賣壓過強」的指標，但和 RSI 指標又有點不同。

KD 隨機指標使用三條線。

第一條是「%K」，代表現在股價在過去十四天的最高價和最低價之間，位於什麼位置（也有過去五天或九天的算法）。第二條線是「%D」，代表過去三天的 %K 平均，會比 %K 晚出現變動。

然後是第三條線——「%SD」，這是 %D 的三天平均值，同樣會比 %D 晚出現變動。

剛開始學習 KD 隨機指標的人，先將目光聚焦在 %K 就好。請記住，當 %K 在 70% 以上，可判斷為「買氣過

熱」，在 30% 以下則是「賣壓過強」。如果數字更極端一點，變成 85% 以上或是 15% 以下，那就是效果絕佳的買賣訊號，適合逆勢操作的投資人使用。

以線的交叉判斷買賣時機

另外，也可以同時看 %K、%D、%SD 三條線，來判斷「下單的時機」。

■ KD 隨機指標怎麼看？

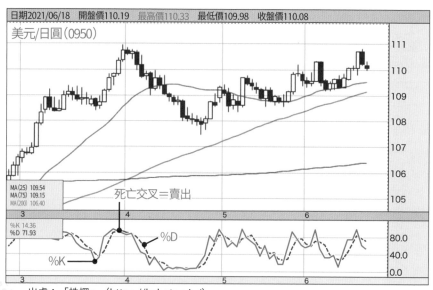

出處：「株探」（https://kabutan.jp/）

%K 與 %D 的組合稱為「快速 KD 隨機指標」，當 %K 與 %D 黃金交叉（向上穿過）就是買進訊號，死亡交叉（向下穿過）就是賣出訊號。

另一方面，%D 與 %SD 的組合稱為「慢速 KD 隨機指標」，當 %D 與 %SD 黃金交叉就是買進訊號，死亡交叉就是賣出訊號。

你可以同時叫出三條線來看，或是只選其中兩條線，看「快速 KD 隨機指標」或是「慢速 KD 隨機指標」。

KD 隨機指標也是震盪類指標，只要發生明確的趨勢，就會一直顯示買氣過熱或賣壓過強，請特別注意。

背離

要特別注意股價和 RSI 動向不同的時候

嚴格來說，「背離」不是技術面指標，只是幾乎所有震盪類指標都會出現的現象而已。背離經常出現在趨勢轉換的時候，所以在使用震盪類指標時，一定要注意這個重點。

背離的英文是「Divergence」，這個字本身有「分歧」和「擴散」的意思。具體來說指的是一定期間內，股價（K線）的動向背離震盪類指標的動向。

請看右頁的圖，上方的 K 線顯示下跌趨勢，股價節節下跌，但下方的 RSI 卻與股價背道而行，屢創新高。

如果把上漲趨勢的股價高點連線，或把下跌趨勢的股價低點連線，會發現這條股價的線傾斜的角度變小，但 RSI 的線卻是變大。

■ 背離的例子

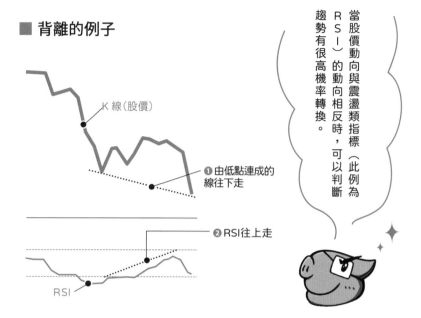

K線（股價）

❶由低點連成的線往下走

❷RSI往上走

RSI

當股價動向與震盪類指標（此例為RSI）的動向相反時，可以判斷趨勢有很高機率轉換。

　　一般來說，股價的動向會跟震盪類指標一樣才對，像這種其中一方背離往相反方向走去的情形，通常都代表很強的趨勢轉換訊號，我們稱為「背離」。

　　背離的現象會出現在股價與 RSI、股價與 KD 隨機指標，以及股價與 MACD 的組合中。

　　如果股價屢破新低，震盪指標卻從低點上漲，我們可以把這個現象稱為「強背離」，也就是股價即將由下跌趨勢轉換為上漲趨勢的訊號。

如果股價屢創新高，震盪指標卻從高點下跌，我們可以把這個現象稱為「弱背離」，也就是股價即將由上漲趨勢轉換為下跌趨勢的訊號。

投資人在使用震盪類指標時，一定要注意背離現象。在股價受新冠疫情影響而暴跌之前，其實日 K 線圖上也出現了股價與 RSI 背離的情形。

④圖形結構分析──雙底和雙頂

從過去的線圖形狀預測未來走向

最後來介紹「圖形結構分析」，圖形結構分析指的是從整體來看 K 線（股價）在線圖上的形狀，並從這些形狀預測未來的股價變化。這可以算是運用經驗法則，從過去曾經出現過的股價線圖形狀和之後的走向來分析。

雙底是「買進訊號」

首先要介紹的是「雙底」。請看下頁的圖，股價在下跌趨勢中，形成兩個股價底部，因此稱為「雙底」。

當線圖呈現這種雙底的形狀，通常很容易轉為上漲趨勢，這是為什麼呢？在做圖形結構分析時，投資人也必須了解這些形狀為什麼代表這樣的預測結果。

■ 什麼是雙底？

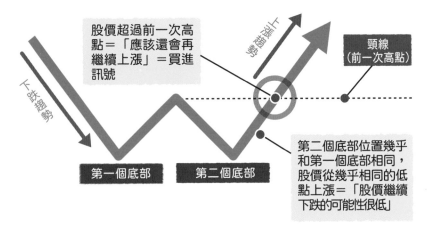

股價超過前一次高點＝「應該還會再繼續上漲」＝買進訊號

頸線（前一次高點）

下跌趨勢

上漲趨勢

第一個底部

第二個底部

第二個底部位置幾乎和第一個底部相同，股價從幾乎相同的低點上漲＝「股價繼續下跌的可能性很低」

　　線圖呈現雙底代表容易轉為上漲趨勢，其原因有三個。第一個原因是第二個底部位置幾乎和第一個底部相同，股價在幾乎相同的低點反彈，那麼這個底部有很高機率是「股價地板」。至少，在這個形狀出現後，會有很多投資人「在第二個低點嘗試進場，股價卻未繼續下探，因此判斷股價不會再下跌」。

　　第二個原因是，股價在下跌趨勢中，由高點形成了趨勢線，但股價從第二個底部反彈，「向上衝破」趨勢線。當股價向上衝破趨勢線，就代表股價趨勢容易轉為上漲，也會有更多投資人判斷股價即將上漲而買進。

　　第三個原因則在於兩個底部之間的「山峰」，這個高點又稱為「前一次高點」或「近期高點」，當股價超過這個高點，會有很多投資人想說「股價都超過前一次高點了，那應該不會再下跌，而會繼續上漲才對」，就這樣帶動股價上漲。一般會從前一次高點拉出一條水平線，稱為「頸線」，這條線在圖形結構分析中經常會出現，請務必記住。

　　雙底出現後，股價轉為上漲，這個現象的背後存在實際的「投資人心理因素」。只要轉換視角，就會發現線圖的形狀代表著投資人觀看線圖後的心理狀態。

代表「賣出」訊號的雙頂

　　「雙頂」是和雙底意義恰好相反的線圖圖形。

　　如同第 167 頁的圖所示，股價一開始處於上漲趨勢，然後出現兩個頂部，接著轉為下跌趨勢。

　　相對於雙底呈現的形狀如同英文字母「W」，雙頂呈現出如同英文字母「M」的形狀。

雙頂的分析方式也和雙底一樣，股價上漲後，在第一個頂部出現高點，接著暫時下跌，然後再上漲，但在幾乎和第一個頂部相同的位置形成第二個頂部，然後股價再度下跌。看到這個變化的多數投資人會覺得「股價很有可能就這樣繼續下跌」。

　　這裡要特別提醒大家注意，不管是雙底還是雙頂，最好都要在股價超過頸線之後，再進行交易。

　　這是因為，在兩個頂部之間的「谷底」可以畫出一條頸線，股價也有可能在碰到這條頸線時再度反彈上漲，形成第三個頂部。

　　所以，投資人通常會在股價從第二個頂部下跌時，先觀察股價會不會跌破頸線然後繼續下跌。

　　當股價跌破頸線後，基本上就不太可能再反彈形成第三個頂部，所以投資人到這個時候才會集中火力做空。

「圖形結構分析」是分析線圖整體的形狀。呈現「W」形很可能代表「買進」訊號；呈現「M」形很可能代表「賣出」訊號。

■ 什麼是雙頂？

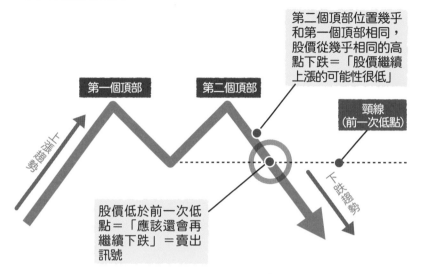

第二個頂部位置幾乎和第一個頂部相同，股價從幾乎相同的高點下跌＝「股價繼續上漲的可能性很低」

第一個頂部

第二個頂部

頸線
（前一次低點）

上漲趨勢

下跌趨勢

股價低於前一次低點＝「應該還會再繼續下跌」＝賣出訊號

■ 雙底的例子

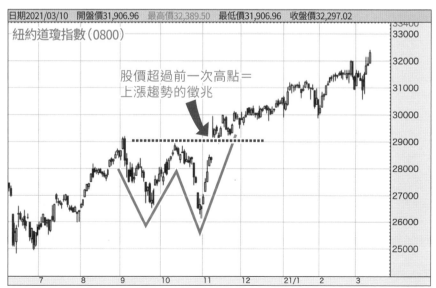

日期2021/03/10　開盤價31,906.96　最高價32,389.50　最低價31,906.96　收盤價32,297.02

紐約道瓊指數（0800）

股價超過前一次高點＝上漲趨勢的徵兆

出處：「株探」（https://kabutan.jp/）

頭肩

高機率逆轉趨勢的指標

「頭肩」指的是由三個山峰或谷底組成的線圖形狀。

股價要上漲時出現的稱為「頭肩頂」，要下降時出現的則稱為「頭肩底」。因為中間的山峰看起來像「頭」，兩邊的山峰像「肩」，所以取這個名字。

另外，頭肩的圖形也很像釋迦牟尼佛兩旁立著日光菩薩和月光菩薩形成的「三尊像」，所以頭肩頂又稱為「三尊頭」，頭肩底又稱為「三尊底」。

頭肩頂出現後，股價很容易轉為下跌趨勢；頭肩底出現後，股價則容易轉為上漲趨勢。

為什麼頭肩頂代表股價容易轉為下跌趨勢呢？因為在中間的山峰（頭）出現後，由於股價超過了左邊的山峰高點 Ⓐ，吸引投資人注意接下來右邊山峰的股價是否會超

■ 頭肩頂

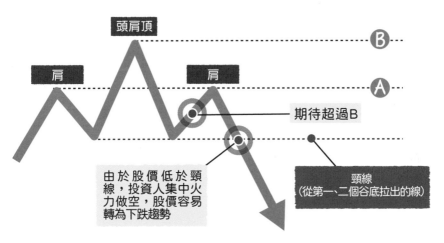

頭肩頂

肩

肩

B

A

期待超過B

由於股價低於頸
線,投資人集中火
力做空,股價容易
轉為下跌趨勢

頸線
(從第一、二個谷底拉出的線)

■ 頭肩底

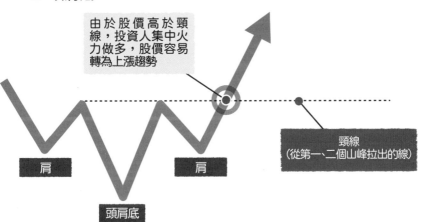

由於股價高於頸
線,投資人集中火
力做多,股價容易
轉為上漲趨勢

肩

肩

頭肩底

頸線
(從第一、二個山峰拉出的線)

過中間的山峰高點 **B**。結果，右邊的山峰沒有超過 **B** 就開始下跌，還跌破了之前的谷底形成的頸線，許多投資人判斷股價向下衝破上漲趨勢線，因此集中火力做空，形成強勢的賣壓，有高機率使股價繼續下跌。

頭肩底容易轉為上漲趨勢，也是一樣的原理。

當線圖上出現這種形狀時，請注意右邊的山峰（或谷底）有沒有超過中間的山峰（或谷底），如果有超過，接著請再注意有沒有超過頸線。

三角型態

三角形是股價大幅變動的預兆

　　盤整局面時，股價會反覆地微幅上下震盪，不過盤整的線圖圖形很多變，有時候是股價在兩條平行的水平線之間來回震盪，有時候則呈現出如旗子般傾斜的模樣或是三角形等等。

　　股價在三角形的範圍內上下震盪的模樣稱為「三角型態」，這種形狀很常出現在線圖上，請各位務必記住喔！

　　三角型態中有很多種形式，首先先介紹「上升三角型態」。這種型態大多出現在上漲趨勢中，呈現出「低點節節攀升的三角形」，就如同下頁的圖，股價最後很容易向上突破（當然有時候是向下突破）。

　　「下降三角型態」則是空方勢力較強勁，因此呈現出「高點節節下探的三角形」，股價最後很容易向下突破。

另外，在多空勢力相抗衡時，容易出現漂亮的對稱三角形，讓投資人難以預測股價會向上還是向下突破。這種時候，就算股價有突破，投資人也要先仔細確認股價是否回到三角形範圍內，再下單交易。

■ 三角型態怎麼看？

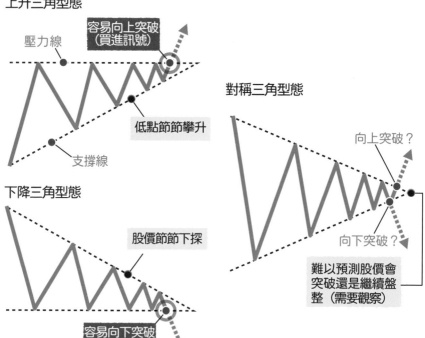

上升三角型態

壓力線

容易向上突破
（買進訊號）

低點節節攀升

支撐線

下降三角型態

股價節節下探

容易向下突破
（賣出訊號）

對稱三角型態

向上突破？

向下突破？

難以預測股價會突破還是繼續盤整（需要觀察）

　　一般來說，如果要瞄準這種盤整後突破的時機下單，我不建議使用以分鐘等較短時間為單位的線圖。這是因為像是 5 分鐘 K 線形成的三角型態大約是幾十分鐘內的變化，很少人會去關注，所以難以形成大幅度變化。

　　如果你要運用盤整後的突破，那麼可以看多數人運用的長時間線圖，瞄準較長期間的盤整後突破的時機，這樣能提高勝率。

多重頂&多重底

容易出現在股價天花板和地板

最後一個要介紹的圖形結構分析，是「多重頂」和「多重底」。

如右頁的圖所示，股價在上漲趨勢中未形成尖銳的山峰，而是在出現平緩的斜坡之後一躍而下，稱為「多重頂」。如果在下跌趨勢中未形成尖銳的山峰，而是在出現平緩的谷底之後扶搖直上，則稱為「多重底」。

這兩種圖形的頂部和底部分別都像咖啡杯底下的盤子，所以英文是以 saucer 來稱呼。

為什麼會形成這種類似盤子的形狀呢？多重頂的形成原因是由於上漲趨勢減弱，股價向下突破由低點連成的趨勢線，但之後並未馬上轉為下跌趨勢，而是進入方向未定的「盤整」狀態。

「平台」出現後再下單

這個盤整狀態會形成類似盤子的形狀，和頭肩頂、頭肩底不同，多重頂和多重底很難畫出頸線，不少投資人都覺得很難判斷該做多還是做空。

■ 多重頂

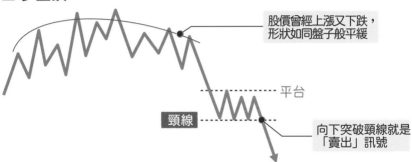

股價曾經上漲又下跌，
形狀如同盤子般平緩

平台

頸線

向下突破頸線就是
「賣出」訊號

■ 多重底

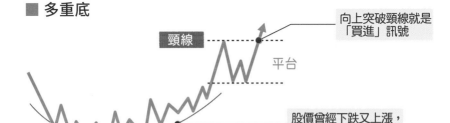

向上突破頸線就是
「買進」訊號

頸線

平台

股價曾經下跌又上漲，
形狀如同盤子般平緩

如圖所示，多重頂和多重底經常出現如同股價暫時休息的「平台」，我們可以對這個平台拉出上限與下限兩條水平線，一般會把多重頂的下限和多重底的上限稱為「頸線」。

當股價趨勢減弱，卻未出現雙重頂、雙重底、頭肩，而是進入盤整狀態時，就要懷疑可能是多重頂或多重底，這時請耐心等待下單的機會。

杯柄型

從周 K 線尋找股價上漲時機

「杯柄型」是由美國投資人威廉・歐尼爾（William J. O'Neil）發明的圖形結構分析法，主要運用的是周 K 線。

說到歐尼爾，他可是一位天才投資人，在年僅三十歲時就創立了專為投資人服務的研究公司，發明了獨創的投資法則「CAN-SLIM」。尤其想投資成長股的投資人，絕對不可不知這一號人物。歐尼爾所介紹的其中一種「股價大幅上漲的圖形」就是杯柄型。

如同下頁的圖所示，當線圖長得像有杯柄的咖啡杯，就可以期待這檔個股強勢上漲，不過其中有些細節條件，讓我們一個一個看下去。

　　杯柄型的第一個條件如下圖❶所示，一開始必須上漲30% 以上。

　　股價上漲之後要如同❷般下跌。這裡有兩個條件，第一是跌幅約 12% ～ 33%，第二是呈現 U 字型的平緩弧形，而非 V 字型的急速下滑。

　　第一是因為如果跌幅太大的話，之後股價上漲時，在

■ 杯柄型的形成

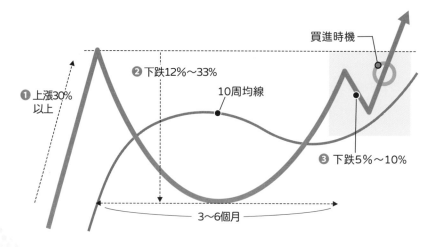

買進時機

❷ 下跌12%～33%

10周均線

❶ 上漲30% 以上

❸ 下跌5%～10%

3～6個月

股價地板買進的投資人會停利賣掉股票，股價就不會大幅
上漲。第二是因為歐尼爾認為，股價多次微幅下跌能甩開
無力的投資人。

　　股價在杯底持續盤整一至兩周後，散戶大多出完股
票，股價會開始上漲。股價在接近❸的下跌前，空方會再
度出現，股價再次下跌 5%～10%。此時，股價必須在 10
周均線之上。然後，股價形成杯柄的圖形，出現第三次上
漲，突破❸的高點，這裡就是適合「買進」的時機。

　　杯柄型的條件多，並不是常見的圖形，不過一旦出現
就可以期待股價大幅上漲。就算沒有滿足所有條件，也常
出現類似的上漲情形，只要發現❶的上漲和❷ U 字型下
跌，就好好追一下這檔個股的動向吧！

回檔、反彈 和費波南希比例分析

「黃金比例」也會影響股價？

金字塔、蒙娜麗莎的微笑、凱旋門、向日葵種子、鸚鵡螺的殼、名片，這些東西有個共同的要素，那就是「黃金比例」。

黃金比例，指的是人類能感受到的最美比例── 1比 1.618，這個比例存在於自然產物和人工造物中，就連在股市也受人運用。義大利的數學家費波南希（Leonardo Fibonacci）就是研究黃金比例的學者，後世的人用他的名字將黃金比例取名叫做「費波南希比例」。

人們認為黃金比例也會影響人類的心理，在不知不覺中，股價也會接近與黃金比例有關的數字。

在股市中，1.618、0.618、0.5、0.382 這類數字經常被拿來預測回檔買進和反彈放空的相關比例。比方說，某檔個股在上漲趨勢中從低點爬到高點，在繼續上漲之前形成回檔買進的機會，投資人就會用費波南希比例計算出回檔買進或反彈放空的目標數字。

這條計算出股價拉回的線，就稱為「費波南希回調線」。

　　雖然這個方法看起來需要複雜的計算過程，但是你可以不用擔心，幾乎所有看盤軟體都能顯示費波南希回調線。你不必完全搞懂它的原理，可以直接運用看看。另外，日 K 線這種較長期間的線圖能反映較多投資人的心理，預測精準度也比較高。

第4章

學會基本面分析

「基本面分析」是在分析企業的未來潛能，了解愈多會愈有趣。就讓我傳授有用的資訊以及活用方法吧！

什麼是基本面分析？

透過財務報表分析企業價值

基本面分析，是以企業的財務狀況、業績動向等資料為基礎，分析企業價值，並預測業績。

前面說的技術面分析是從過去的股價變化、趨勢尋找每天買賣股票的最佳時機，而基本面分析則是以基礎資訊為本，進行相對長期間的分析，兩者可以說是位處光譜的兩端。

那麼，基本面分析到底在分析什麼呢？答案是企業的財務報表。如果要投資外匯的話，就要查看國家或地區的經濟成長率和財政收支等，投資股票則要分析企業的業績。所謂財務報表，就是企業的決算書，包含「資產負債表」「綜合損益表」「現金流量表」三種，上市公司原則上一年必須公布四次財務報表，我們稱為「公布財報」。因為企業運用股東投入的資金營運事業，所以有義務以財

報向投資人說明資金的用途和獲利、虧損狀況，以及業績
和今後的展望。

　　透過財務報表中的資產負債表能確認企業是否健全，
而綜合損益表可以說是企業業績的聯絡簿，現金流量表則
用來預測企業的資金周轉狀況以及成長性，投資人基於這
些資料進行分析。當然，企業所屬產業的動向也是分析的
對象之一。

閱讀財報時的注意事項

　　基本面分析要注意「不能只憑數字判斷」。

　　股票會因為股東的期待而拉抬價值，也會因為股東的
失望而被拋售。舉例來說，即使財報上的數字有增加，卻
不如多數股東預期的增加那麼多，就會導致股價暴跌。

　　所以說，就算閱讀財報資料，也不要馬上以主觀做判
斷，而是要有「股市投資人看見財報後會怎麼判斷」的洞
見。

　　可能因為這樣，不少人覺得「基本面分析很難」，或

是覺得「技術面分析比較符合自己的調性」。不過，技術面分析和基本面分析都是不可或缺的。

　　基本面分析的確有很多東西需要熟記，不過只要持續閱讀一間企業的財報資料，並且和不同企業的財報資料做比較，就能漸漸了解各企業重視的數值等趨勢特色。

　　另外，財報資料也會記載整個產業的動向，從一間企業的財報得到的資訊，有時候也能應用在別的企業上。

　　請快樂閱讀財報，一點一點學習基本面分析吧！

「基本面分析」是從財務報表解讀企業的資訊，重點是從資料中判讀「投資人都如何判斷！」

如何開始
基本面分析？

「年報」和「季報」

接下來向各位介紹具體進行基本面分析的時機，也就是「年報」和「季報」。

第 184 頁說過上市公司 1 年必須發布 4 次財報，其實每年還會發布 1 次年報，公布去年一整年的業績，還有今年 1 年或半年的展望。年報發表後要開股東常會，因此年報具有總結算的特色，內容通常很多樣化。

季報則是每 3 個月報告公司事業的進度，用 Q（QUATER，四分之一的意思）來表示季度，如「Q1」代表第一季。

公布財報的時間並沒有特殊規定，不過日本企業[1]大多在 4 月 1 日前，也就是三月最後一天結算，然後在 4 月底、5 月初左右發布財報。

1　台灣企業公布財報的時間與日本相同。

■ 發表年報的主要流程（3 月結算的企業）

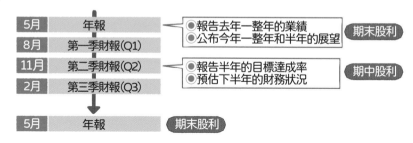

如果是 5 月公布年報的企業，通常會在 8 月公布第一季財報（Q1），11 月公布第二季財報（Q2），2 月公布第三季財報（Q3）。其中 Q2 可以稱為「期中財報」，會公布半年目標達成率，並預測下半年的財務狀況。另外，有別於年報分配的股利（期末股利），有些公司也會在公布期中財報時分配股利，稱為「期中股利」（也有在公布其他季報時分配股利的公司）。順便分享一個小知識，日本是從 2003 年 7 月開始對在東京證券交易所上市的企業要求公布季報，在那之前只要求每年公布兩次（期中財報和年報）。

如何取得財報？

我們來實際查詢財報吧！在搜尋引擎輸入「公司名

稱」和「IR」，就能找到該公司的投資人專區。點進去之後可以下載「財報」和「法人說明會資料」，後者用來補充財報，是針對經濟分析師等專家和投資人發布的資料，會實際使用在法人說明會上，所以會有表格和插圖等淺白的說明，千萬別略過了。

　　有些公司也會公布法人說明會的影片，建議你不妨大致看過[2]。

> 財報每年公布四次，可以在網路上查到，請輸入「公司名稱」和「IR」來取得財報資料吧！

2　台灣證券交易所規定，台股各家上市櫃公司每個月、季、年，都要公布財報，而未在規定時間公布財報的公司，會被處以停止交易，若六個月後仍未能繳交財報，再經四十天公告期，就會被處以下市櫃。
　台灣許多上市櫃公司近期發布的重大訊息，都可以在公開資訊觀測站中查看，如營收資料、股利政策、除權息日期等等，這個網站很好用，大家可以好好利用。

4章 ③

新手也看得懂的財報

看第一頁就可以掌握大致的資訊

　　打開財報的 PDF 檔，會發現總共有好幾十頁，你可能會想說「一定要把這些全部都搞懂嗎？」我告訴你，閱讀財報很簡單，只要掌握幾個重點就好。那麼，我先從財報的結構說起。

　　財報的第 1 頁會記載公司名稱，接著是 4 位數的股票代碼，用這 4 個數字就可以搜尋到這間公司。

　　底下記錄了合併營業收入和合併現金流等資訊，這些資訊的詳細資料會收錄在財報的後半部。換句話說，第一頁是為了給股東和投資人閱讀而簡潔統整後的資訊。每間公司公布的資訊不盡相同，不過主要都有「營業收入和營業利益等業績資訊」「財務狀況」「預計分配股利」「今後的展望」，是投資人迅速掌握公司狀況的絕佳資料。

　　順便說明一下，「合併財報」指的是集團整體的財

■ 財報第一頁要注意的地方

股票代碼

營業收入和營業利益等業績資訊

財務狀況

預計分配股利

今後的展望

令和3年2月期　決算短信〔日本基準〕（連結）

令和3年4月5日

上場会社名　　株式会社しまむら　　　　　　　　　　　　　　　上場取引所　東
コード番号　　8227　　URL https://www.shimamura.gr.jp/
代表者　　　　（役職名）代表取締役社長　　　　　（氏名）鈴木　誠
問合せ先責任者（役職名）企画室長　　　　　　　　（氏名）太田　誠利　　TEL 048-631-2131
定時株主総会開催予定日　令和3年5月14日　　　　配当支払開始予定日　令和3年5月17日
有価証券報告書提出予定日　令和3年5月17日
決算補足説明資料作成の有無：有
決算説明会開催の有無　　　：有（アナリスト・機関投資家向け）

（百万円未満切捨て）

1．令和3年2月期の連結業績（令和2年2月21日～令和3年2月20日）

（1）連結経営成績（%表示は対前期増減率）

	売上高		営業利益		経常利益		親会社株主に帰属する当期純利益	
	百万円	%	百万円	%	百万円	%	百万円	%
3年2月期	542,608	4.0	38,026	65.4	39,404	65.2	26,163	99.3
2年2月期	521,982	△4.4	22,985	△9.7	23,855	△9.1	13,125	△17.9

（注）包括利益　3年2月期　25,926百万円（92.7%）　　2年2月期　13,454百万円（△10.3%）

	1株当たり当期純利益	潜在株式調整後1株当たり当期純利益	自己資本当期純利益率	総資産経常利益率	売上高営業利益率
	円 銭	円 銭	%	%	%
3年2月期	711.93	－	7.0	9.2	7.0
2年2月期	357.15	－	3.6	5.9	4.4

（参考）持分法投資損益　3年2月期　－百万円　　2年2月期　－百万円

（2）連結財政状態

	総資産	純資産	自己資本比率	1株当たり純資産
	百万円	百万円	%	円 銭
3年2月期	451,798	384,388	85.1	10,459.72
2年2月期	407,981	365,901	89.7	9,956.38

（参考）自己資本　3年2月期　384,388百万円　　2年2月期　365,901百万円

（3）連結キャッシュ・フローの状況

	営業活動によるキャッシュ・フロー	投資活動によるキャッシュ・フロー	財務活動によるキャッシュ・フロー	現金及び現金同等物期末残高
	百万円	百万円	百万円	百万円
3年2月期	46,234	△111,324	△7,362	10,486
2年2月期	22,803	13,658	△6,631	83,088

2．配当の状況

	年間配当金					配当金総額（合計）	配当性向（連結）	純資産配当率（連結）
	第1四半期末	第2四半期末	第3四半期末	期末	合計			
	円 銭	円 銭	円 銭	円 銭	円 銭	百万円	%	%
2年2月期	－	100.00	－	100.00	200.00	7,350	56.0	2.0
3年2月期	－	100.00	－	120.00	220.00	8,084	30.9	2.2
4年2月期（予想）	－	110.00	－	110.00	220.00		30.8	

3．令和4年2月期の連結業績予想（令和3年2月21日～令和4年2月20日）

（%表示は、通期は対前期、四半期は対前年同四半期増減率）

	売上高		営業利益		経常利益		親会社株主に帰属する当期純利益		1株当たり当期純利益
	百万円	%	百万円	%	百万円	%	百万円	%	円 銭
第2四半期（累計）	273,430	7.5	19,654	23.0	19,826	21.1	13,098	24.4	356.41
通期	554,837	2.3	38,646	1.6	39,594	0.5	26,277	0.4	715.03

出處：思夢樂集團官網（https://www.shimamura.gr.jp/ir/）

> 只要能讀懂財報第一頁，剩下的頁數也能自然看懂！

4章

學會基本面分析

報，包含國內外相關公司在內。母公司單獨的財報內容會以個別財報的形式記在下一頁，標題可能會寫「個別業績概要」等。第 2 頁之後是目次、業績簡報和後續，最後是資產負債表、綜合損益表等詳細資料。這就是財報的基本結構，至於各項目的細節，我會在第 193 頁開始介紹。

運用財報評估企業的方法

並不是營業業績好就代表股價會上漲

我在第 190 頁介紹過，財報第 1 頁濃縮了所有資訊。在那些資訊中，我希望你要特別注意最上面的表格 ——「合併營業業績」。

關於「營業收入」和「營業利益」等項目，我之後會介紹。現在請先關注各項目的「百分比（%）」。這個百分比代表和前一年同期相比，增加或減少的比例。

再看一次第 191 頁思夢樂的合併營業業績，你應該會發現 2020 年 2 月那一列有標註「△」。這代表 2020 年 2 月和 2019 年 2 月相比，營業收入減少了 4.4%，但 2021 年 2 月比 2020 年 2 月增加了 4.0%。

既然營業業績的「百分比（%）」後面沒有「△」代表業績好，那股價不就一定會上漲嗎？不對，實際上並不是這樣，這是投資股票困難的地方，也是好玩的地方。

■ （表一）任天堂的合併營業業績

1 ·2021 年 3 月合併業績（2020 年 4 月 1 日～ 2021 年 3 月 31 日）
(1) 合併營業業績

（% 為與前期相比的增減比率）

	營業收入		營業利益		經常利益		屬於母公司股東的本期淨利	
	百萬日圓	%	百萬日圓	%	百萬日圓	%	百萬日圓	%
2021年3月	1,758,910	34.4	640,634	81.8	678,996	88.4	480,376	85.7
2020年3月	1,308,519	9.0	352,370	41.1	360,461	30.0	258,641	33.3

(注)綜合利益 ●2021年3月 527,951百萬日圓 (123.2%) ●2020年3月 236,490百萬日圓 (18.0%)

出處：任天堂官網 (https://www.nitendo.co.jp/ir/library/earnings/index.html)

> 表格裡沒有任何一個「△」
> ＝這一年的業績很好

■ （表二）任天堂的預估合併業績

2022 年 3 月預估合併業績（2021 年 4 月 1 日～ 2022 年 3 月 31 日）

（% 為與前期相比的增減比率）

	營業收入		營業利益		經常利益		屬於母公司股東的本期淨利		每股盈餘
	百萬日圓	%	百萬日圓	%	百萬日圓	%	百萬日圓	%	日圓
全期間	1,600,000	△9.0	500,000	△22.0	480,000	△29.3	340,000	△29.2	2,854.20

※關於新冠肺炎疫情的影響 請看附件資料第三頁「1. 營業業績等的概況 (2) 今後的展望」。

出處：任天堂官網 （https://www.nitendo.co.jp/ir/library/earnings/index.html）

> 預估業績有「△」
> ＝今年一年很嚴峻

　　接著請看上面的表一，這是收錄在任天堂 2021 年 3 月財報裡的合併營業業績。表格裡沒有任何一個「△」，表示所有數字都是增加的。「營業利益」前一年增加 41.1%，這一年又再增加 81.8%，實在是非常大的成長。像任天堂這麼大的公司，很少看到有這種驚人的成長。

　　不過，在這份財報公布後，任天堂的股價下跌了。明明營業收入和營業利益都增加，為什麼股價還會下跌呢？

　　答案在表二，這是同樣收錄在財報裡的預估業績。每

個項目都有「△」，表示與今年相比，明年業績不被看好，這就是一般認為股價下跌的原因。

從這個例子可以知道，在判斷財報的內容時，不能只看已確定的業績數字，也要一併確認預估業績才行。

用「尋股」網站查詢過去的資料

2021 年的財報只能比較 2020 年和 2021 年的數字，用來判斷企業的長期資訊稍嫌不足。這時候，「尋股」資訊網站就能派上用場。我們實際在「尋股」網站搜尋任天堂，就能看到第 197 頁照片一的過去業績資料。看營業收入那一欄，可以知道從 2018 年開始，每年約有 20% 的成長，而明年的營收預期會減少。

再翻到財報的「今後的展望」篇章，可以看到一行文字寫著：「有鑑於全球對半導體材料需求量增加，如相關零件採購有困難，可能會影響產品製造。」我們就可以自行判斷「零件採購有隱憂」。

另外，「尋股」網站的「三個月財報【歷史】」也很方便，我們可以看看任天堂實際的三個月財報（照片二）。

先看每三個月的營收變化，2020 年 10 至 12 月為 6,349 億日圓（約新台幣 1,397 億），接下來的 2021 年 1 至 3 月為 3,544 億日圓（約新台幣 779 億），減少了一半。從資料中可以知道，雖然營收和前一年相比是增加，但不是一直都成長。

這個資料的重點是「確認一整年的變化」。

資料顯示，2020 年 1 至 3 月的營收也比前面的 2019 年 10 至 12 月少了將近一半，所以我們可以知道「任天堂一年的營收集中在 10 至 12 月」，然後也可以更進一步預測「1 至 3 月通常業績低迷，但仍比前一年同期成長 24%，那麼同年 10 至 12 月的營收會更加成長吧。」

營業業績乍看之下也許只是一連串數字的排列，不過投資人可以透過這些資訊判斷企業的狀況。

不要只拿一年的數字判斷營業業績，這樣很危險。建議使用「尋股」網站和過去幾年相比，並綜合確認一年的變化。

■ （照片一）任天堂的業績變化

通期	業績推移	修正履歴	New!成長性	New!収益性		1Q	2Q	3Q	4Q

決算期	売上高	営業益	経常益	最終益	修正1株益	1株配	発表日
			△1998年3月期〜2017年3月期を表示				
2018.03	1,055,682	177,557	199,356	139,590	1,162.3	590	18/04/26
2019.03	1,200,560	249,701	277,355	194,009	1,615.5	810	19/04/25
2020.03	1,308,519	352,370	360,461	258,641	2,171.2	1,090	20/05/07
2021.03	1,758,910	640,634	678,996	480,376	4,032.6	2,220	21/05/06
予 2022.03	1,600,000	500,000	480,000	340,000	2,854.2	1,430	21/05/06
前期比	-9.0	-22.0	-29.3	-29.2	-29.2		(%)
			▽1998年3月期〜2017年3月期を表示				

■■■ は過去最高　※最新予想と前期実績との比較。予想欄「－」は会社側が未発表。

預估明年業績下滑，不被看好 ➡ 投資人失望導致股價下跌

出處：「株探」（https://kabutan.jp/）

■ （照片二）任天堂的業績變化

決算期	売上高	営業益	経常益	最終益	修正1株益	売上営業損益率	発表日
			△16年4-6月期〜19年1-3月期を表示				
19.04-06	172,111	27,428	22,232	16,604	139.4	15.9	19/07/30
19.07-09	271,856	66,794	62,941	45,414	381.2	24.6	19/10/31
19.10-12	578,701	168,708	188,668	134,371	1,128.0	29.2	20/01/30
20.01-03	285,851	89,440	86,620	62,252	522.6	31.3	20/05/07
20.04-06	358,106	144,737	150,329	106,482	893.9	40.4	20/08/06
20.07-09	411,418	146,687	147,167	106,641	895.2	35.7	20/11/05
20.10-12	634,939	229,684	230,734	163,542	1,372.9	36.2	21/02/01
21.01-03	354,447	119,526	150,766	103,711	870.6	33.7	21/05/06
前年同期比	+24.0	+33.6	+74.1	+66.6	+66.6		(%)
			▽16年4-6月期〜19年1-3月期を表示				

營收的增減變化與前一年相同＝可推測10至12月為營收最集中的時候

出處：「株探」（https://kabutan.jp/）

活用投資人專區

視覺化而淺顯易懂的「法人說明會資料」

　　能了解企業業績的資料，除了財報外，還有給投資人和分析師看的法人說明會資料，裡頭也記載了有用的資訊。

　　上市公司要以低成本籌集資金，就必須取得投資人的信任，所以會積極地公開營業資訊，讓投資人了解。當然，愈積極公開資訊的公司，就愈能取得投資人的信任。

　　財報有既定的格式和結構內容，不過法人說明會資料就沒有限制，企業可自由製作，通常會使用像右頁的圖這種圖表或圖形。法人說明會資料比財報還要容易閱讀，如果你覺得財報很難懂，可以先看看法人說明會資料。

可以確認詳細資訊的「有價證券報告書」

　　另外，日本上市公司的官網設有「投資人專區」，在

■「思夢樂」的法人說明會資料

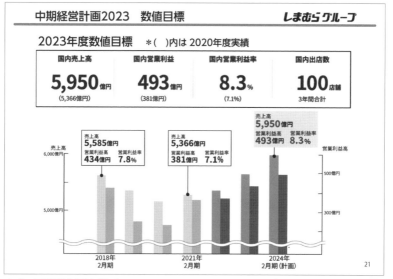

出處：思夢樂集團官網（https://www.shimamura.gr.jp/ir/）

這裡可以瀏覽很多營業資料。其中有一份可瀏覽的資料叫做「有價證券報告書」，這是和財報齊名的代表性資料。

我建議一定要閱讀有價證券報告書裡的「設備狀況」，這是不會收錄在財報的資訊。企業通常會為了擴大事業而投資設備，製造業會將大量資金投入生產設備，包含維護和擴大工廠，而零售業則會每年開設新分店。「設備狀況」是了解企業擁有多少不動產的有用資訊。

財報重視公布的速度，資訊量有限，如果企業說明不

足可能會對市場造成不好的影響。另一方面，有價證券報告書針對財報內容和經營狀態羅列了廣泛的資訊，就算企業在財報方面的評價不佳，也有機會靠有價證券報告書扳回一城，股價因此轉為上漲趨勢。

　　有價證券報告書對於股票投資新手來說可能比較難懂，不過裡頭可以說是幾乎收錄了所有有利於分析股價動向和成長性的資訊。如果你立志成為中級以上的投資人，就一定要連同有價證券報告書一起確認財報。

記得確認業績修正

企業會公布可能影響股價的資訊

　　企業在公布財報前，原先預想的業績數字有可能會變更，這個情形稱為「業績修正」。當修正後的數字跟原先預估的營收相比增減 10% 以上，或是跟營業利益、經常利益、本期淨利相比增減 30% 以上，企業就會公布業績修正資訊。比原先預估的數字高時稱為「向上修正」，比較低時稱為「向下修正」。

　　企業沒有義務公布業績修正資訊，也沒有被規定什麼時候公布，不過通常一旦需要修正，企業都會盡快公布。這個舉動稱為「適當揭露」，只要是可能影響股價的資訊，企業就會快速公開。

　　下頁的圖是思夢樂的業績修正資訊，營業收入、營業利益等 4 項數字都變大，所以是向上修正。接下來第 2 頁則說明業績修正的理由。

4章

學會基本面分析

■ 思夢樂的業績修正

<u>通期業績予想の修正に関するお知らせ</u>

令和2年12月28日に公表いたしました令和3年2月期（令和2年2月21日～令和3年2月20日）通期連結業績予想、並びに令和2年9月28日に公表いたしました同通期個別業績予想について、下記のとおり修正いたしましたのでお知らせいたします。

記

1．令和3年2月期通期業績予想の修正（令和2年2月21日～令和3年2月20日）

(1) 連結 （単位：百万円）

	売上高	営業利益	経常利益	親会社株主に帰属する当期純利益	1株当たり当期純利益
前回発表予想　（A）	528,663	30,889	31,802	19,206	522 円 62 銭
今回修正予想　（B）	542,608	38,026	39,404	26,163	711 円 93 銭
増　減　額（B－A）	+13,945	+7,137	+7,601	+6,956	－
増　減　率　（%）	+2.6	+23.1	+23.9	+36.2	－
（ご参考）前期実績（令和2年2月期）	521,982	22,985	23,855	13,125	357 円 15 銭

(2) 個別 （単位：百万円）

	売上高	経常利益	当期純利益	1株当たり当期純利益
前回発表予想　（A）	522,805	31,678	19,232	523 円 32 銭
今回修正予想　（B）	536,620	39,149	25,705	699 円 46 銭
増　減　額（B－A）	+13,815	+7,471	+6,473	－
増　減　率　（%）	+2.6	+23.6	+33.7	－
（ご参考）前期実績（令和2年2月期）	516,068	23,551	10,760	292 円 78 銭

業績修正的關鍵，在於是否違背投資人的預估

那麼，企業公布業績修正資訊後，會如何影響股價呢？你是不是望文生義，以為「向上修正」表示股價會上漲，「向下修正」表示股價會下跌呢？但實際上可沒那麼單純喔！

當企業公布向上修正的資訊時，的確基本上會帶給股價正面影響。不過，股市本就存在一定程度的落差，如果修正的數字在投資人預估範圍內，股價可能不會有太大變化。要是很多人覺得向上修正的幅度比預估還低的話，反而還會造成股價下跌呢。

同理，向下修正也一樣。因為企業預估業績下滑，要是投資人沒料想到會下滑這麼多，股價就會下跌。但如果投資人（市場）認為「數字只減少這樣」，那股價也有可能平移或上漲。

你不需要因為業績修正而讓心情七上八下，但也不能忽視它。重點是注意業績修正後的股價如何變化，從股價的變化可以知道市場對它的評價。

如何看資產負債表？

了解公司的存款、負債狀況

讓我們再回到財報，接下來我要介紹財報的核心，也就是財務三表（資產負債表、綜合損益表、現金流量表）的閱讀方式。

「資產負債表」又稱「平衡表」，可以讓人看到公司有多少資產和負債，了解公司的手頭寬不寬裕，進而確認企業的財務安全性和經營穩定性。

資產負債表由「資產」「負債」「股東權益（淨值）」三個部分組成，資產合計必須跟負債加上淨值合計一致。

資產部分又分為「流動資產」和「固定資產」。流動資產是指一年以內預計會兌換成現金的資產，包含現金、有價證券（股票或公司債等）、應收帳款等。固定資產則是指公司使用或持有超過 1 年的長期資產，包含建築物、土地、機器等。不同企業的細項會有不同。

接下來介紹負債部分，同樣分為「流動負債」和「固定負債」。流動負債是 1 年以內必須償還的負債，也包含尚未支付的款項（應付帳款）。固定負債是償還時間在一年以後的負債，包含長期債務和公司債等。這部分也是在不同企業有不同細項。

最後是股東權益部分，和負債不同，股東權益是不需

■ 資產負債表怎麼看？

資產	金額（單位：千日圓）	負債	金額（單位：千日圓）
流動資產	11,000	流動負債	8,500
現金存款	6,000	應付票據	2,500
應收帳款	1,000	應付帳款	1,000
有價證券	2,000	獎金預備金	5,000
商品	1,000	固定負債	2,500
備抵呆帳	1,000	長期債務	3,500
其他	0	負債合計	12,000
固定資產	14,200	股東權益	金額（單位：千日圓）
建築物	4,000	股本	10,000
土地	10,000	保留盈餘	3,200
其他	200	股東權益合計	13,200
資產合計	25,200	負債‧股東權益合計	25,200

公司持有的資產

負債（他人的資金）※必須償還

自有資金 ※無須償還

屬於資產來源的資金調動方式

資產合計，必須跟負債加上股東權益合計一致

要償還的錢。

　　以上就是資產負債表的結構。那麼，接下來我要教你怎麼看企業的安全性和穩定性。

用「自有資本比例」衡量穩定性

　　首先要確認「自有資本比例」。自有資本比例愈高，就表示公司可以靠自己支撐的力量愈強，經營愈穩定。

　　自有資本比例的算法是「股東權益 ÷ 負債和股東權益合計 ×100（%）」，不過你可以不用自己算，請看第191頁的財報，第三個表格就有「自有資本比例」欄位。

　　只要公司的股東權益比負債多，自有資本比例就會超過50%。一般來說，40%以上就是優良企業了，70%以上則是非常良好的企業。不過不同產業的自有資本比例也差很多，像是製造業等持有很多固定資產的產業，自有資本比例通常會偏低，而多屬資訊產業的資訊通訊業，則因為設備相關投資少，往往有很高的自有資本比例。右頁的圖引用日本中小企業廳的「中小企業實況基本調查」，製作成各企業的自有資本比例資料，歡迎參考看看。

■ 什麼是「自有資本比例」「固定比例」？

	自有資本比率	固定比率
意思	資本之中有多少不需要償還的自有資本 ＝數字愈高愈可以期待經營穩定	自有資本能涵蓋多少土地、建築物、設備等固定資產 ＝一般來說，100%～120%算安全
確認方法	看財報第1頁	從資產負債表的「固定資產÷（固定負債＋股東權益）×100（%）」計算

出處：日本中小企業廳／ 2019 年中小企業實況基本調查

■ 自有資本比例（大分類產業別）

產業	自有資本比率 (%)	產業	自有資本比率 (%)
建設業	43.71	不動產業、租賃業	39.07
製造業	45.33	學術研究、專業技術服務業	56.44
資訊通訊業	56.1	旅宿業、餐飲業	20.16
運輸業、貨運業	34.11	生活相關服務業、娛樂業	34
批發業	40.45	服務業（其他）	48.29
零售業	32.13		

出處：日本中小企業廳／ 2019 年中小企業實況基本調查

用「固定比例」衡量投資有沒有問題

接下來要確認的項目是「固定比例」。

固定比例是用「固定資產 ÷ 股東權益 ×100（%）」的公式算出來的數值，顯示不需要償還的股東權益能涵蓋多少必備的固定資產，可以知道企業在設備投資上是否過

於勉強。

　　一般來說，100% 以內是理想數字，120% 左右還算健全，超過 200% 就算是危險了，不過超過 100% 的企業可不少見啊！這就是很多企業必須向銀行借款的原因。把銀行借款算進來的指標則是「固定長期適合率」。

　　固定長期適合率的計算方式是「固定資產 ÷（固定負債＋股東權益）×100（%）」。

　　如同第 204 頁的介紹，固定負債是長期償還的負債，所以算是相對穩定的資金。

　　換句話說，固定長期適合率的數字愈低，就代表固定負債的比例愈大＝愈安全。

　　總結以上：

- 自有資本比例在 40% 以上

- 固定比例在 100% 以內

- 固定長期適合率在 100% 以內

這三點是衡量企業安全性與穩定性的其中一個方法。

4章 ⑧ 如何看綜合損益表？

財報是企業的成績單

財報中最重要的就是「綜合損益表」了，他是計算收益（PROFIT）和損失（LOSS）的文件，又稱為「PL」。

簡單來說，綜合損益表就是企業一年的成績單，記載「企業收到的錢」和「企業花費的錢」。首先，我先簡單介紹一下要注意的欄位。

① 營業收入＝賣出去多少

第 211 頁的表格最上方是「營業收入」，記錄了企業銷售或提供主要商品或服務所得到的營收總和。舉例來說，單價 200 日圓（約新台幣 44 元）的商品賣出 10 個，營業收入就是 2000 日圓（約新台幣 440 元）。

❷ 營業毛利＝大概賺到的錢
❸ 營業利益＝從本業賺到的錢

營業收入減掉進貨成本等「營業成本」，就是「營業毛利」，代表大致的收益。這條營業毛利再減掉銷售或提供商品或服務時所需的「營業費用及管理費用」，就會得到「營業利益」，代表企業從本業賺到的錢。

用營業收入除以營業毛利算出的比例稱為「毛利率」，這個數字愈高，表示企業的獲利能力愈高。另外，用營業收入除以管理費用算出的比例稱為「管理費用率」，這個數字愈低，表示企業以愈低的經費達成營收數字。毛利率和管理費用率都是企業能否有效賺錢的指標。

❹ 經常利益＝包含本業以外的公司收益

接著來看「經常利益」。這個數字指的是涵蓋本業以外的收入和支出。本業以外的收入有出售股票後獲得的收益，還有在從事本業時銷售的商品收益等，也包含來自子公司的收益（權益收入），這些都稱作「營業外收入」。

■ 綜合損益表要注意的重點

	上個合併會計年度 (2019年4月1日～2020年3月31日)	本合併會計年度 (2020年4月1日～2021年3月31日)
❶ 營業收入	1,308,519	1,758,910
營業成本	666,817	788,437
❷ 營業毛利	641,701	970,472
營業費用及管理費用	289,331	329,838
❸ 營業利益	352,370	640,634
營業外收入		
利息收入	15,203	5,723
權益法投資收益	7,945	6,564
匯差收益	――	24,039
其他	2,432	3,385
營業外收入合計	25,582	39,713
營業外支出		
支付利息	121	177
有價證券償還損失	769	1,013
匯差損失	15,806	――
其他	793	160
營業外支出合計	17,490	1,351
❹ 經常利益	360,461	678,996
特別利益		
固定資產出售利益	10	2,516
投資有價證券出售利益	1,030	40
特別利益合計	1,041	2,556
特別損失		
固定資產報廢損失	173	247
投資有價證券出售損失	56	――
特別損失合計	229	247
❺ 稅前淨利	361,273	681,305
所得稅、地方稅、事業稅	114,063	220,348
所得稅等調整金額	△11,473	△19,463
所得稅等合計	102,589	200,884
❻ 本期淨利	258,683	480,420
屬於少數股東的本期淨利	41	44
屬於母公司股東的本期淨利	258,641	480,376

出處：任天堂官網（https://www.nitendo.co.jp/ir/library/earnings/index.html）

4
章

學會基本面分析

將營業利益和營業外收入加起來，再減掉「營業外支出」，就能求得經常利益。當企業的經常利益數字很大時，我們可以說這間企業能多方面獲得利益，但也有可能是因賣出有價證券之後獲利豐收，所以請睜大眼睛看仔細了！

❺ 稅前淨利＝繳稅之前的收益金額

「稅前淨利」是經常利益加上「特別損益」之後的數值。「特別損益」包含出售不動產和有價證券後獲得的收益（特別收益），以及出售股票後發生的損失、因天災而蒙受的損失（特別損失），也就是企業臨時發生的利益和損失。

■ 綜合損益表的組成內容

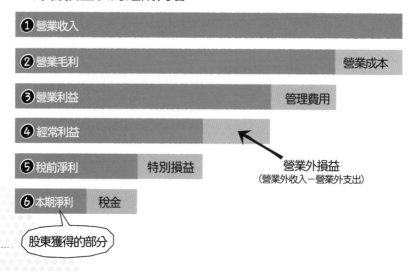

❶ 營業收入

❷ 營業毛利　　營業成本

❸ 營業利益　　管理費用

❹ 經常利益

❺ 稅前淨利　　特別損益

營業外損益
（營業外收入－營業外支出）

❻ 本期淨利　　稅金

股東獲得的部分

⓺ 本期淨利＝最終收益

税前淨利減掉所得稅、事業稅等稅金後，會得到「本期淨利」。這個數字單純就是企業的收益，如果是負數的話，就代表企業經營虧損。

綜合損益表有既定的順序，將綜合損益表由上往下依序確認，就能知道企業怎麼賺到錢、怎麼花錢，以及最後賺了多少錢。

綜合損益表是有關企業損益的成績單，由上往下檢視就能輕鬆解讀資金的動向。

如何看現金流量表？

表示企業現金流的資料

財務報表的最後一份資料是「現金流量表」。繼資產負債表、綜合損益表之後，日本規定企業自 2000 年 3 月起有義務製作現金流量表，做為第三種財務報表。

現金流量的英文是 CASH FLOW，因此現金流量表經常記為「CF」。

這份資料會顯示企業擁有多少現金和存款，以及這些現金用在什麼地方。

我先前已經介紹過，財報是年度末公布的企業成績單，但不代表財報裡的數字就是企業獲得的現金。

比方說，資產負債表上的「應收帳款」列為資產，但是銷售收入卻尚未入帳；或者是進貨的原料費用列為應付帳款，而實際上尚未付款。

■ 「思夢樂」的現金流量表

（單位：百萬日圓）

	上個合併會計年度 自（2019年2月21日 至 2020年2月20日)	本合併會計年度 自（2020年2月21日 至 2021年2月20日)	
營業現金流量			
稅前淨利	20,793	38,446	本業賺了 多少錢
折舊費用	5,374	5,471	
減損損失	2,577	706	
關店損失	－	118	
匯差損益（△為收益）	△82	△123	
出售固定資產損益（△為收益）	41	101	
出售投資有價證券損益（△為收益）	－	△459	
投資有價證券未實現損益（△為收益）	－	185	
外幣換算調整損益（△為收益）	－	△398	
備抵呆帳增減額（△為減少）	13	△2	
薪資準備金增減額（△為減少）	△16	2,559	
幹部薪資準備金增減額（△為減少）	6	△37	
點數準備金增減額（△為減少）	42	176	
員工退休慰問準備金增減額（△為減少）	22	29	
幹部退休慰問準備金增減額（△為減少）	1	△51	
退休金給付相關負債增減額（△為減少）	65	△55	
應收利息及應收股利	236	194	
應收票據及帳款增減額（△為增加）	△441	△389	
存貨增減額（△為增加）	△1,285	△652	
其他流動資產增減額（△為增加）	△1,085	1,036	
應付票據及帳款增減額（△為減少）	393	△3,497	
其他流動負債增減額（△為減少）	67	5,412	
其他	2,132	4,024	
小計	519	764	
利息及股利收入	29,376	53,561	
營業稅等支付額	224	210	
繳納法人稅等	△6,797	△7,538	
營業現金流量	22,803	46,234	
投資現金流量			
存入定期存款之支出	△16,000	△16,000	投資了 多少錢
贖回定期存款之收入	16,000	16,000	
取得有價證券之支出	△222,000	△442,000	
償還有價證券之收入	237,000	336,006	
取得有形固定資產之支出	△3,568	△8,280	
出售有形固定資產之收入	33	104	
出售無形固定資產之收入	－	2	
取得投資有價證券之支出	△168	△295	
出售投資有價證券之收入	－	622	
建設代墊費、債務保證金增加之支出	△1,174	△679	
建設代墊費、債務保證金回收之收入	3,526	3,206	
其他	10	△10	
投資現金流量	13,658	△111,324	
籌資現金流量			
取得自家股票之支出	△13	△11	借了多少錢又 還了多少錢
股利支付額	△6,617	△7,351	
籌資現金流量	△6,631	△7,362	
現金及約當現金換算差額	△2	31	
現金及約當現金增減額（△為減少）	29,827	△72,420	公司還剩 多少錢
期初現金及約當現金餘額	53,260	83,088	
除列合併伴隨之現金及約當現金減少額	－	△181	
期末現金及約當現金餘額	※ 83,088	※ 10,486	

出處：思夢樂集團官網（https://www.shimamura.gr.jp/ir/）

若把它想成用信用卡付款就很容易理解，在購物交易成立後，顧客已經取得商品，但商店實際收到款項卻會是幾天後的事。

同樣地，會計上的金錢流動和實際的現金流之間也存在時間延遲，而現金流量表能告訴我們企業的現金流動情況，這是無法從資產負債表或綜合損益表得知的資訊。

投資CF和籌資CF，正數好還是負數好？

現金流量表由「營業現金流量（營業 CF）」「投資現金流量（投資 CF）」「籌資現金流量（籌資 CF）」三項組成，表中數值為正數時稱為「現金流入」，負數時稱為「現金流出」。我們先來看看各 CF 最後一項是正數還是負數。

營業 CF 代表企業本業方面的現金流入與流出，合計為正數時可以判斷本業有賺到現金，負數則是現金入不敷出的狀態。如果營業 CF 長年都是負數，那這間企業的核心事業很有可能是經營不善。

投資 CF 顯示的是股票、債券、不動產等投資狀況。當企業愈積極投資設備，它的投資 CF 就會是負數，正數則代表企業因出售不動產等財產而增加手頭現金。投資 CF 供我們判斷企業為了未來投入多少。

籌資 CF 簡單來說是關於企業借了多少錢、又還了多少錢的表格。如果企業增加銀行融資，或是發行股票或公司債來籌資，這個數值就會是正數；如果企業償還那些債務，或是向股東發放股利等，那這個數值就會是負數。

也許你會認為「既然借錢會讓籌資 CF 變為正數，那應該負數比較好吧」，不過實際上，積極進行投資的公司通常籌資 CF 會是負數。根據不同的企業策略，有時候是正數比較好，有時候是負數為佳。

■ 針對現金流的經營分析

健全性	營業CF	投資CF	籌資CF	現狀分析
健全	＋	－	－	靠本業穩定賺錢的公司
	＋	－	＋	積極投資且有成長潛力的公司
	＋	＋	－	擺脫財政困難的公司
	－	－	＋	積極投資的新公司
	－	＋	－	被融資債務追著跑的危險公司
不安定	－	＋	＋	面臨財政困難而必須及早改革的危險公司

以三項 CF 的組合判斷

　　基本上，我們會以這三項 CF 的組合來判斷。最理想的組合是營業 CF 為正數、另外兩個 CF 為負數。這個狀態代表企業靠本業賺取收益（營業 CF 為正數），為了公司的將來投資（投資 CF 為負數），而且有在償還債務以及發放股利給股東（籌資 CF 為負數）。

　　反過來說，營業 CF 為負數、另外兩個 CF 為正數的公司非常危險。這代表企業不僅沒能靠本業提升收益（營業 CF 為負數），還將資產變現（投資 CF 為正數），更增加銀行融資（籌資 CF 為正數）補破網，很有可能會走向破產。

　　請試著調查看看企業的營業、投資、籌資 CF 是正數還是負數，從它們的組合確認企業的現金流是否穩定。

⑩

ROE 與 ROA

確認企業是否有效率地賺錢的指標

　　「股東權益報酬率（ROE）」，是衡量企業運用自有資金賺錢效率的指標。

　　ROE 記載於財報第 1 頁的「本期股東權益報酬率」，投資人可以知道股東投資的資金賺來多少收益，是相當重要的指標。

　　ROE 可以用「本期淨利 ÷ 自有資本 ×100（%）」這個公式算出來。假設 A 公司的自有資本是 20 億日圓（約新台幣 4.4 億），本期淨利是 5 億日圓（約新台幣 1.1 億），那 ROE 就是 5÷20×100 ＝ 25%。再假設 B 公司的自有資本是 100 億日圓（約新台幣 20 億），本期淨利是 6 億日圓，那 ROE 就是 6%。如果你只看本期淨利，大概會以為 B 公司比較優秀，但要是從 ROE 的角度來看，會發現 A 公司的經營比較有效率。

如同我先前介紹的，自有資本包含股東投資的資金。所以說，ROE 高的企業，代表「能將投資人投入的資金妥善運用」，我們可以想成是容易投資的公司。

不過，在看 ROE 時有一點必須注意，那就是股東權益低的企業，其 ROE 一定會很高。還有，向銀行借款較多的企業，其自有資本少，ROE 也會比較高。這時候，「資產報酬率（ROA）」指標就可以派上用場了。

ROE 要和 ROA 一起確認

ROA 是用包含負債在內的企業資產（總資產）來比較，判斷企業相較之下獲得多少收益。ROA 記載在財報第一頁的「資產報酬率」。

ROA 可以用「本期淨利 ÷ 總資產 ×100（%）」這個公式算出來。數字愈大，代表企業不只使用自有資本，也使用他人的資金，整體賺錢效率良好。

因此，ROE 和 ROA 要一起確認，當兩種數字都很高時，就代表這間企業「把事業經營得很好」。

■ ROE 與 ROA 的差異

	A公司	B公司	C公司
總資產	50億日圓	200億日圓	300億日圓
自有資本	20億日圓	100億日圓	20億日圓
本期淨利	5億日圓	6億日圓	75億日圓
ROE	25%	6%	25%
ROA	10%	3%	1.67%

ROE和ROA都很高
＝
經營效率良好

ROE高但ROA低
＝
債務多

ROE 高表示「有效率地運用
自有資本賺錢」
ROA 高表示「有效率地運用
整體資產賺錢」

負債權益比

從負債看經營穩定性的指標

我在第 204 頁的「如何看資產負債表？」介紹了自有資本比例。和這個指標類似，可以衡量經營穩定性的另外一種指標是「負債權益比」，英文稱為「Debt/Equity Ratio」。

這裡的負債，指的是「包含利息在內」必須償還的負債，例如向銀行借的款項和公司債等。

自有資本比例是用自有資本佔總資產的比例來計算，因此數字愈大代表企業財務愈穩定。

而「負債權益比」則是計算負債佔自有資本的比例，所以和自有資本比例相反，基本上數字愈小代表財務愈穩定。另外，這個指標可以看無須償還的自有資本（股東權益）能吃下多少必須償還的附息負債，衡量企業的償還能力。

■ 任天堂的負債權益比

財務 【実績】						1Q	2Q	3Q	4Q
決算期	1株純資産	自己資本比率	総資産	自己資本	剰余金	有利子負債倍率			発表日
△2001年3月期～2018年3月期を表示									
2019.03	11,833.91	83.4	1,690,304	1,409,711	1,556,881	―			19/04/25
2020.03	12,933.51	79.7	1,934,087	1,540,687	1,707,119	―			20/05/07
2021.03	15,734.79	76.6	2,446,918	1,874,371	1,993,325	―			21/05/06
▽2001年3月期～2018年3月期を表示									

負債權益比0＝自有資金能吃下全部負債

■ 軟銀集團的負債權益比

財務 【実績】						1Q	2Q	3Q	4Q
決算期	1株純資産	自己資本比率	総資産	自己資本	剰余金	有利子負債倍率			発表日
△2001年3月期～2018年3月期を表示									
⏐ 2019.03	6,760.66	21.1	36,096,476	7,621,481	5,571,285	2.06			19/05/09
⏐ 2020.03	2,619.32	15.9	37,257,292	5,913,613	3,945,820	2.41			20/05/18
⏐ 2021.03	5,588.80	22.3	45,750,453	10,213,093	8,810,422	1.91			21/05/12
▽2001年3月期～2018年3月期を表示									

出處：「株探」（https://kabutan.jp/）　　負債權益比高＝要從業績數字確認是在拓展事業還是資金短缺

　　計算公式為「附息負債 ÷ 自有資本」，我們可以從資產負債表計算。打開「尋股」網站的「財務【歷史】」，就能看到負債權益比的資料。

　　不分產業，一般認為負債權益比的標準為 0.3（也就是 100 中佔 30%），1 以下通常就沒有太大問題。這個指標看似愈低愈好，但其實不盡然。

　　要讓事業成長，就必須投資設備等，但企業不可能單

靠自有資本就擁有數千萬日圓的資本，大部分的企業都必須向銀行貸款。換句話說，我們可以判斷，附息負債愈高，就代表企業愈積極向銀行貸款投資；附息負債愈少，則代表企業對於投資公司來使公司成長興趣缺缺。

銀行不會融資給沒有還款能力的企業，若企業擁有一定程度的附息負債，銀行會判斷該企業具有還款能力。例如上表的軟銀集團，負債權益比大約是 2 倍。

當你看到負債權益比高的個股，請確認業績資料。如果獲利有成長，可以推測這間公司是為了拓展事業而借款。如果企業的負債權益比高，但業績卻沒什麼起色，甚至轉為赤字，那很有可能是陷入資金周轉不良，請特別注意。

發行股數

發行股數增多,每股分得的股利會減少

財報備註中記載的「發行股數」,指的是企業實際發行的股票總數。每間企業發行的股數不同,營收或收益愈大的企業,通常發行的股數愈多。

另外,在計算市值時,也必須用到發行股數,因為市值是以發行股數乘以股價,來代表企業的價值。

先前介紹過本期淨利會以股利的形式分配給股東,由於會以發行股數為單位,發行股數愈多,每股分得的股利就會減少。

發行股數增減的原因很重要

企業為了投資設備、擴展事業,會發行新股票當作籌

■ 因增資、買回或消滅庫藏股而產生的變化

資手段，吸引投資人出資，稱為「增資」。企業增資後，發行股數會增加，每股的價值會減少，稱為「稀釋」，所以剛增資完股價往往會下跌。

不過，企業投資設備很可能使將來的營收和淨利成長，就結果來說，股價可能會往上走。如果是第 219 頁介紹的 ROE 和 ROA 高的企業增資，那就算股價暫時下跌，之後也很容易上漲。

除了增加，發行股數有時也會減少。例如，當企業的剩餘資金增加，又沒有計畫投資設備、擴展事業時，企業就會從市場買回過去發行的股票，或是消滅股票，買回的行為稱為「買回庫藏股」，消滅的行為則稱為「消滅庫藏股」。

　　企業要買回庫藏股時，會先對投資人公布這個資訊，資訊公布後，股價往往會上漲。上漲的原因有兩個，一個是發行股數減少使每股的價值增加，另一個是市場流通的股票減少導致 ROE 上升，有些投資人會因此判斷這間企業「經營得很好」。

　　不過，對於企業買回庫藏股的行為，我們應該要注意那間企業是否有公布業績向下修正的資訊。如果有向下修正的狀況，那企業買回庫藏股的行為，很可能是為了挽救業績不佳而導致的股價低迷，所以增加分配給股東的股利，好留住股東。因此，當企業宣布買回庫藏股時，我們最好確認一下企業背後的目的。

本益比

要找出價值股，適合用「股利分配率」

投資股票最理想的方式是便宜買進、高價賣出，因此，投資人總是在尋找「價值股」。價值股指的是股價偏低、就算再高一點也合理的個股。投資人認為，如果市場或投資人正確判斷企業價值，股價很可能會上漲，因此現在買進算是撿到便宜。判斷價值股的標準有很多，大多數人會使用「本益比」和「股價淨值比」。

本益比的英文縮寫是「PER」，可以知道現在股價是每股盈餘（EPS）的幾倍。關於每股盈餘，第 234 頁有詳細說明。

本益比分為「預估本益比」和「歷史本益比」。「預估本益比」是基於今年的預估業績，來預估今年的收益，計算出本益比。「歷史本益比」則是從前一期財報的收益數字算出來的。投資人會以未來的預估業績判斷買賣股票策略，所以「預估本益比」會是比較重要的指標。

過低的本益比要特別注意！

本益比的計算公式是「股價 ÷ 每股盈餘（EPS）」，這個數字愈低，表示股價愈划算。比方說，企業 A、B 的每股盈餘都是 50 日圓（約新台幣 11 元），A 公司的股價是 500 日圓（約新台幣 110 元），B 公司的股價是 1000 日圓（約新台幣 220 元），那麼 A 公司的本益比就是 10，B 公司是 20，顯示 A 公司的股價比較划算。一般來說，本益比在 15 以下的個股比較划算，不過依據產業不同，本益比也有高低之分，所以不能只看單一個股的數字，也要比較相似產業、企業的本益比，來判斷股價是否划算。另

■ 本益比和每股盈餘、股價的關係

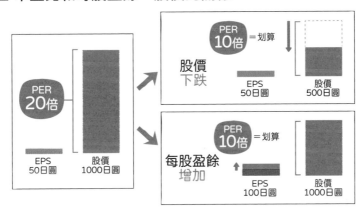

外，請記住，在新興市場上市的企業成長潛力較高，本益比往往也比較高。

　　有時候，我們會發現本益比極低的股票，請不要馬上搶著買進，應該先確認一下過去的本益比數字。如果本益比一直都很低，很可能是投資人已經認定「這間企業今後沒有成長性」，除非有新題材，不然本益比（股價）很難提高。請注意，不能光看到本益比低就以為都是價值股。

　　本益比是很受歡迎的基本面指標，不過單靠這個判斷有點危險，請同時運用下一頁介紹的「股價淨值比」來確認。

股價淨值比

適合長期投資的指標

和本益比一樣,「股價淨值比(PBR)」也是找出價值股的指標。本益比從每股盈餘計算出來,而股價淨值比則是從淨值算出,兩者有很大的不同。

股價淨值比的計算公式為「股價 ÷ 每股淨值(BPS)」,這個數字愈低,代表股價愈划算,這點和本益比一樣。股價淨值比的標準是 1 為划算,1 代表股價和每股淨值的價值相同,萬一企業解散,投資人(理論上)能取回投資本金。

另外一個判斷標準是運用東證股價指數(TOPIX)的股價淨值比,東證股價指數的股價淨值比為 1.1 時,比這個數字小的個股就是價值股。不過,股價淨值比也會因為產業不同而有高低不同,請多比較類似的產業和企業再判斷。計算本益比用的每股盈餘會受每年業績影響而變化,

所以本益比往往也容易大幅變化。而淨值變化相對較少，所以股價淨值比的變化也小。從這點來看，比起短期投資，股價淨值比更適合用來當作長期投資的指標。

當整體市場出現如金融海嘯般的崩盤危機時，無論企業的淨值和成長潛力有多少，大部分的股票都會被拋售，股價淨值比也會下滑。這種時候，只要市場一恢復穩定，股價和股價淨值比都會自然上升。所以，有很多投資人會把股價淨值比 1 當作股價地板的標準。

■ 股價淨值比和股價、每股淨值的關係

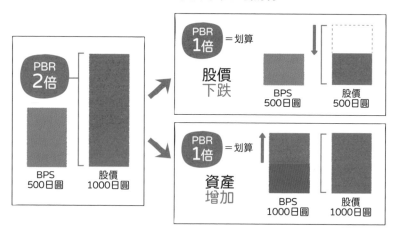

把本益比、股價淨值比當作尋找個股的標記

我剛才說股價淨值比愈低代表股價愈划算，不過股價淨值比高的企業也未必就危險。舉例來說，剛創業的企業擁有的設備等財產不多，淨值也少，所以股價淨值比通常會很高。在 MOTHERS 上市的企業，股價淨值比通常都很高。

另外，當你找到股價淨值比低於 1 的個股時，請一定要確認業績。基本上股價淨值低於 1 的時間不長，很快就會上升，所以如果股價淨值比一直很低，極有可能是那間企業經營上有問題，股價未來也不太會上漲。

本益比和股價淨值比都是尋找股價適當價格的方便指標，但光靠它們的數字判斷買賣會很危險。

我建議先觀察本益比和股價淨值比，發現好像很划算的個股時，記得再確認業績。

每股盈餘

可以不分企業規模比較收益性的指標

　　每股盈餘的英文縮寫是「EPS」，是將稅後的最終淨利以每股換算出來的數值，供投資人分析收益性，了解投資的標的公司賺了多少收益。

　　每股盈餘的計算公式為「本期淨利 ÷ 發行股數」。

　　假設 A 公司發行 100 股、獲得 2,000 日圓（約新台幣440 元）的本期淨利，那每股盈餘就是 20 日圓（約新台幣4.4 元）。如果 B 公司的本期淨利同樣是 2,000 日圓，不過只發行 50 股的話，那每股盈餘就是 40 日圓（約新台幣8.8 元），也就是 A 公司的兩倍。這時候，投資人會認為，B 公司比 A 公司更能運用投資人的資金，來獲得收益。所以，每股盈餘當然是愈高代表收益性愈好。

　　「尋股」網站裡有「修正每股盈餘」的項目，請確認和前一年同期相比是否上升，一整年的數字是否呈現增

長，另外也可以和相同產業的其他公司比較每股盈餘的數字，分析收益性的落差。

同時查看本益比，預測股價

不過，在看每股盈餘時要特別注意，因為每股盈餘是用發行股數算出來的，當買回庫藏股或合併股票時，發行股數就會減少，每股盈餘自然也會變高。所以如果你看到

■ 用「尋股」查詢每股盈餘的方法（電腦）

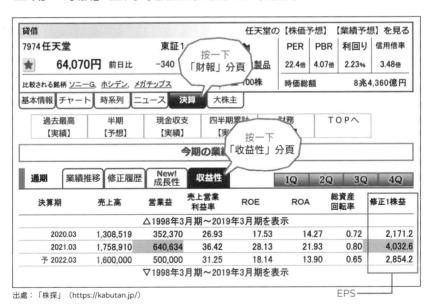

出處：「株探」（https://kabutan.jp/）

每股盈餘大幅變化的個股，請先確認是不是發行股數有變化。

另外，將每股盈餘和第 228 頁介紹的股價淨值比（PER）組合，可以用來預測股價。

比方說，A 公司的每股盈餘是 200 日圓（約新台幣 44 元），股價 1,000 日圓（約新台幣 220 元），那 A 公司的股價淨值比就是 1,000÷200 ＝ 5。假設和 A 公司相同產業、相同規模的公司，平均股價淨值比是 7。

我在第 228 頁介紹過，股價淨值比愈低，代表股價愈划算，可以預估接下來股價會上漲。這時候，你可以把 A 公司的每股盈餘乘以平均的股價淨值比，就可以大概算出 A 公司的平均股價。在這個例子中，「（A 公司的每股盈餘）200×（平均股價淨值比）7 ＝ 1400」，所以在 A 公司的股價漲到 1400 日圓（約新台幣 308 元）之前，投資人可以期待股價上漲。

股利分配率

收益要用在股東還是擴展業務上？

投資股票一定要注意「股利分配率」，這是顯示本期淨利中有多少收益（股利）回饋給股東的指標。

股利分配率的計算公式為「每股股利 ÷ 每股盈餘×100（%）」，這個數字也會刊登在財報的「股利分配狀況」。

先前介紹的指標都是用數字高低判斷企業的狀態，不過股利分配率只是用來衡量企業對於分配股利的看法。比方說，A、B 公司的本期淨利都是 100 萬，A 公司的股利分配率是 30%，B 公司的股利分配率是 50%。這時候，A 公司和 B 公司哪一個比較優良？

A 公司的股利分配率是 30%，所以要發放的股利是 30 萬，B 公司則發 50 萬。B 公司給股東的股利比較多，看起來好像比較好，但是這也代表 B 公司留在手上的錢比較

少。

　　我們可以說，發放高股利的公司很重視給予股東的回饋；而對於股利發得不多的公司，我們可以想成它比較重視成長性，想將收益用在設備投資上。不過，這些終究只是比重問題。處於成長期的公司，尤其是剛成立的公司，通常會在幾年之後才開始賺錢，所以當然暫時不會發放股利，就算有發，也發得不多。這些公司將累積收益放在優先順位，所以股利分配率往往比較低。股利分配率高的公司則可能因為手上的資金少，而無法積極投資。在上市公司中，有些公司即使收益減少也會維持過往發放的股利。所以發放高股利的公司，未必就是業績良好的公司。

■ JT 的股利分配率

2 股利分配狀況	全年股利					股利總額(合計)	股利分配率(合併)	歸屬於母公司所有人權益的股利分配率(合併)
	第一季末	第二季末	第三季末	期末	合計(合併)			
	日圓	日圓	日圓	日圓	日圓	百萬日圓	%	%
2019年12月	−	77.00	−	77.00	154.00	273,162	78.6	10.4
2020年12月	−	77.00	−	77.00	154.00	273,234	88.1	10.5
2021 年3月(預估)	−	65.00	−	65.00	130.00		96.1	

出處：「株探」(https://kabutan.jp/)

發放高股利的代表公司──JT，雖然股利連年成長，但每股盈餘持續下滑，使股利分配率上升到90%。2021 年 2 月的財報公布「以股利分配率75%為基準」，是上市以來首次減少發放股利。

　　發放高股利的代表公司──JT，雖然股利連年成長，但每股盈餘持續下滑，使股利分配率上升到 90%。2021 年 2 月的財報公布「以股利分配率 75% 為基準」，是上市以來首次減少發放股利。

股利分配率的變化很重要

　　比起看現在的股利分配率數字，分析過去、現在、未來的股利分配率變化更重要。上表為 JT 的財報上記錄的股利分配狀況，看了股利分配率會發現，雖然 2019 年 12 月和 2020 年 12 月的股利總額一樣，但股利分配率從 78.6% 上升到 88.1%。

　　也就是說本期淨利下降了，使發放股利回饋給股東這件事變得吃力許多。光是維持發放的股利就讓收益受到壓縮，於是終於在 2021 年公布減少發放股利。

致勝謹記「投資格言」

從格言學習成功思維

第 2 章曾介紹「雞蛋不要放在同一個籃子裡」這句格言，只要把雞蛋放在不同籃子裡，就算其中一個籃子掉了，雞蛋也不會全部破掉。投資也是一樣，最好分散投資多個不同商品，才能達到分散風險的效果。

投資這門學問還有很多格言，有些格言不僅可以用在投資，甚至在人生各方面都能受用，我來介紹下面幾句給各位吧！

◉ 掐頭去尾取中間──如果能在股價最低點買進、最高點賣出，就可以吃到最大的獲利，不過這終究只是理想。這句格言告訴我們，不要堅持頭（最高點）和尾（最低點），在股價偏低時買進、偏高時賣出，這樣就足夠了。

◉ 股市沒有絕對──如果看到股價下跌，覺得「股價已經見底了」，請想一下「股價繼續下跌」的可

能性。這句格言告訴我們，股市裡沒有「絕對」，
平常就要多停下來思考自己的想法正不正確。

◉ 落下的刀不要接——在股價崩跌時買進，就像去接
落下的刀一樣危險。這句格言告訴我們，無論是
多麼有魅力的個股，都請在落地後再接手，也就
是看到股價地板再買進。

◉ 股市是映照經濟前景的明鏡——股價的變動背後必
然有其理由，有可能是顯示企業的經營狀態，或
是世界經濟的前景，原因五花八門。這句格言告
訴我們，掌握股票走向就是掌握世界動向。

5章

聰明投資的思維

最後，我要介紹我平常投資股票獲利的方法，包含平時的投資心法，以及實際操作的投資方法等，歡迎參考服用。

挑戰投資美股

其實美股很適合投資新手

投資個股的日本人大多會投資日股，投資美股的人意外地少之又少。也許你會覺得美股很難操作，不過其實投資美股的優點很多，我個人很推薦投資新手從美股開始投資個股。

翻到本書第 52 頁的投資組合，你會發現我也很積極在投資美股。畢竟全球深具魅力的個股都集中在美國股市，像是 GAFA（Google、Amazon、Facebook、Apple 的統稱）、微軟、可口可樂、NVIDIA。

美國本來就是世界最大的經濟大國，其 GDP 占了全世界的大約 24%。經濟大國地位也代表了美國企業競爭非常激烈，企業的成長力都很高。另外，美國人口多，國內消費力也很高，這也促使企業成長。

美國市場本身就很有魅力

美股也有很多其他優點。

第一個優點是「美股比日股價格優」。

我們比較與日本股價連動的「東證股價指數」以及與美國股價連動的「標準普爾 500 指數」，會發現目前美股的股價比較優良。所以，靠投資美股賺錢並不難，日股就算買進業績優良的個股也不太會漲，比較難獲利。

另外，像剛才提到的 GAFA 是在日本也很有名的美國企業，業績表現非常優秀，就算投資新手只因為聽過就買進，通常也不會賠錢。另外，日本企業因為離日本人生活很近，不論業績好壞，日本人都常聽到。在這種情況下，如果因為是聽過的公司就買進，那很有可能會嘗到苦頭。所以，只要買進有名的美國企業就比較容易獲利，這對投資新手來說非常吸引人。

另外，日股基本上是以 100 股為單位下單，不過美股可以用 1 股買進，適合小額投資。

適合上班族作息

　　第二個優點是交易時間。日股的交易時間是日本時間早上 9:00 到下午 3:00，對於上班族來說是上班時間，要是因為在意股價變動而無法專心工作，這問題可大了。另外，在這種焦急的心情下買賣股票，也可能產生誤判等不良影響。實際上就有人因為交易時間和工作時間重疊，而因此不投資股票吧？

　　美股的交易時間則是日本時間晚上 10:30 到隔天早上 5:00，在台灣則是晚上 9:00 到隔天早上 4:00。這個時段就不用擔心工作，可以輕鬆投資啦！

　　順便說一下，我通常不會即時看盤，只有隔天醒來時確認一次而已。這種方法比較適合長期投資的投資人。

　　另外，日本和美國股市還有一個不同的地方，日本股市設有「漲跌限制」，股價一天的變動必須在基準值上下一定的範圍內，基準值是前一個營業日的收盤價。

　　當股價漲到漲跌限制上限時稱為「漲停板」，下跌到下限時稱為「跌停板」。美國股市沒有漲跌限制，所以一些特定個股很容易大幅漲跌，有機會讓投資人大賺一筆意

外之財。

2021 年 1 月，美國一家名為「GameStop」公司的個
股成為話題焦點，它在不到一個月的時間內，股價就往上
翻了 25 倍以上，據說原因是散戶在社群網站上相約買進
GameStop 的股票。雖然這是個極端的例子，不過這也說
明了美股股價容易大幅變動的狀況。

要注意匯率和課稅

不過，投資美股也伴隨一些缺點，其中一個就是付錢
方式。

在日本買日本企業的股票當然可以用日圓付錢，但在
日本買美股就有分以日圓付款以及美金付款的方式。

如果選擇以美金付款，首先當然必須戶頭有美金才
行，在把日圓換成美金的時候就要負擔換匯手續費。以日
圓買進美股也是必須由證券公司將日圓換成美金，才能讓
投資人買到美股，就結果來說也是要負擔換匯手續費。所
以，投資日股和投資美股兩相比較之下，在換匯手續費這
點是日股占上風。還有，美股發放的股利可能會先在美國

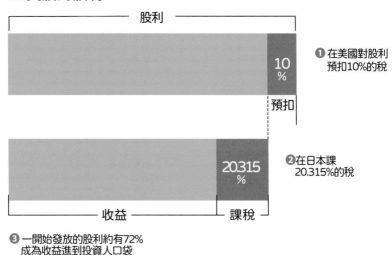

■ 美股的股利

股利

10
%

預扣

❶ 在美國對股利
預扣10%的稅

20.315
%

收益　　　　　　課稅

❷在日本課
20.315%的稅

❸ 一開始發放的股利約有72%
成為收益進到投資人口袋

預扣 10% 的稅，然後再課徵日本的稅（可能可以用外國扣除稅額的方式退一些稅回來）。

　　其他投資美股的缺點還有收集企業資訊會比日本企業難，以及交易手續費比日股稍高一些。不過就算有這些缺點，相比之下還是投資美股優點較多。除了投資新手外，如果你平常是投資日股，覺得股價漲得很慢的話，我也推薦你試試看投資美股。

靠高股息股票獲利！

從經驗學習的三大法則

我發明的實際投資方法是將「高股息股票」在「最後過戶日前賣出」以「獲取收益」。我持續使用這套戰術，獲得了不錯的成果，在這裡介紹給你吧！

基本原則有以下三點：

❶ 從近期的財報找出高股息股票

❷ 在最後過戶日的兩到三個月前買進高股息股票

❸ 在最後過戶日的大約兩周前賣出

以下就讓我一一說明囉！

❶ 從近期的財報找出高股息股票

我會利用股票資訊網站「大家的股票」尋找高股息股票，按一下「股東優惠」就可以確認「股利殖利率排行榜」，建議從第一名開始確認個股的業績數字。對了，每個月都發放股利的個股不適合，所以要排除。

要確認的資訊主要是「營業收入」和「經常利益」，這兩個數字比前一年增加很多的話，有高機率維持發放的股利，甚至提高股利，在最後過戶日前，股價往往會上漲。

❷ 在最後過戶日的兩到三個月前 買進高股息股票

接下來是買進股票，首先是使用現有資金的一半來買進。我以前在進行這個投資方法時，會把全部的錢丟進去買高股息股票，但曾經遇到後來企業公布的業績數字不好，股價大跌的狀況。還好後來那檔個股在最後過戶日之前有再漲回來，但下跌的時候就只能祈禱了。

　　因此，我對戰術做了改良，改為投入一半的資金。如果業績數字不好，可以等股價下跌變得划算之後再以剩下資金買進；如果業績數字很好，使股價上漲到自己買不起的地步，那只要等下次發放股利的月分再操作就好。

❸ 在最後過戶日的大約兩周前賣出

　　最後過戶日當周很可能因為投資人賣出股票停利，而使股價下跌。所以，我建議在兩周前就賣出，為了不要遭遇投資人停利使股價下跌的狀況，賣出的時候也要分批賣出比較好。只要能用平均股價以上的價格賣出，就算是成功了。

　　以上就是我投資的方式，歡迎你當作投資時的參考戰術。不過，這套戰術還在發展階段，我自己也會一邊實踐一邊改良。我會在我的部落格（https://pontiyo.com/）定期發表報告，歡迎看一看。

如何尋找候選 10 倍股？

尋找「你想投資 10 倍股的理由」

如同我在本書的介紹，投資個股的魅力有從股利獲得的現金股利，以及期待股價上漲的資本利得。在資本利得中，還有股價上漲 10 倍以上的「10 倍股」，這麼有魅力的個股，想必吸引了許多剛開始投資的人。

這個章節要介紹關於 10 倍股的具體個股分析。

不過，在做個股分析之前，我想先請你重新思考一下「你想投資 10 倍股的理由」。如果這是你第一次投資，或是打算累積退休後使用的長期資產，那麼與其尋找 10 倍股，不如做指數投資比較好。

不只是投資 10 倍股前要思考你的目的，在投資個股前都應該先確定自己「想投資個股的理由」，有些人是「想嘗試看看投資個股」，我自己則是「本身能承受投資失敗的風險（從年齡和資產等考量），也想磨練自己的投資技巧」。

就算你的目的是「想在短時間內變有錢」也沒關係，重要的是首先要有目標，然後以合適的方式做投資。

從「營業收入」和「營業利益率」尋找

回到尋找 10 倍股的話題。實際上，什麼樣的個股容易成為 10 倍股呢？我認為，要尋找 10 倍股，首先要先「從小型股開始找」。10 倍股指的是股價翻 10 倍，也就是企業價值成長 10 倍。我們就拿日本市值第一高、約 22 兆日圓（約新台幣 5 兆）的豐田汽車來做舉例吧。豐田汽車的個股如果翻 10 倍，就表示市值會變成 222 兆日圓（約新台幣 48 兆）。這怎麼想都不太可能實現吧？其他的大型股也是相同的道理。

所以說，市值數十億至數百億日圓的小型股，比較有高機率成長為 10 倍股。

例如遊戲開發商 GungHo，靠著其經營的手機遊戲《龍族拼圖》破紀錄熱賣賺進大把利益，原本在 2012 年5 月只是市值 160 億日圓（約新台幣 35 億）的小型股，隔一年市值就成長至 1 兆 7,800 億日圓（約新台幣 3,900 億），成為一時的話題。

像這樣注意小型股的表現，你絕對有機會找到 10 倍股。

接著我要說明小型股的關注重點，第一個是「營業收入」。營業收入的數字直接反映了商品或服務的銷售狀況。換句話說，營業收入愈高，就證明市場愈需要該企業的商品或服務。只要營收成長率連年超過 20%，股價幾年後就很有機會成長至 10 倍。

第二個要關注的是「營業利益率」。其實，如果只看營收數字，有可能看到的是薄利多銷的狀況。但薄利多銷的企業本身很可能沒有獨特的技術，最終將比不過其他公司。要排除這類型的公司個股，就要注意營業利益率。

我在第四章介紹過，營業利益指的是營業收入減去成本、人事費、廣告費等費用的數字。如果營業利益低，很可能表示這間企業的商品或服務吸引力不高，所以需要花費巨額成本才賣得出去。反過來說，如果營業利益高，就能判斷這間公司的商品具有獨特技術或服務，就算不特別投入預算也能自然而然賣出去。

「營業利益 ÷ 營業收入 ×100（%）」可以算出營業利益率。使用樂天證券的「iSPEED」可以比較營業收入和

營業利益，非常方便。2021 年，日本整體產業（金融股除外）的營業利益率約為 6.7%。我們可以說，在這個平均以上的企業主力商品或服務非常有吸引力，如果要以這個條件尋找 10 倍股，營業利益率至少也要達到 9% 至 10% 吧。

　　順便說一下，最近很紅的雲端服務和 SAAS 相關企業投入了非常多資金在廣告和研發上，頭幾年的營業利益經常都是負數。請特別注意，販售這種新興商品或服務的企業可能就不適合以營業利益率來衡量。

《公司四季報》6 月號是藏寶圖！

　　以上就是尋找潛在 10 倍股的方法。其他 10 倍股口袋名單還有因新冠疫情使全球需求暴增的口罩類股、疫苗研發類股，以及像是不動產類股這種業績隨景氣大幅變動的個股，不過要抓住這些個股股價上漲的時機並不容易。相較之下，注意營收成長率和營業利益率的方法，對於投資新手來說也比較容易實行。

　　不過，就算有不錯的營收成長率和營業利益率，實際上股價也會受到自有資金比例、股價趨勢、市場環境等因

■ 潛在 10 倍股的特徵

市值	數十億至數百億
營收成長率	連年達20%↑
營業利益率	10%↑

長期持有符合左邊條件的個股，等待幾年後股價一口氣成長十倍吧！

素影響。請以營收成長率和營業利益率為門檻標準，學習分析個股是否能成為 10 倍股吧。

或許你會覺得有很多東西要記，不過你可以把尋找 10 倍股當作「尋寶」，尋寶的提示愈多愈好找不是嗎？請一邊享受尋寶的樂趣，一邊學習掌握提示吧。

順便說一下，有一個方法能讓你快速尋找潛在 10 倍股，那就是運用《公司四季報》。《公司四季報》有股票投資聖經的美名，使用 SBI 證券或樂天證券都能免費瀏覽。《公司四季報》的發行月分為 3、6、9、12 月，而各產業記者看了各間企業年度財報後，會在 6 月號刊登獨家業績預測分析，所以很方便投資人尋找尚未被世人發現的珍寶[1]。

---

1 台灣財報公布月分則為 5 月、8 月、11 月、3 月。

■ 台灣上市櫃公司財報公布時間表

月營收報告	每月 10 日以前公布
第一季財報(Q1)	5/15 前(保險公司為 4/30 前)
第二季財報(Q2)	8/14 前 (金控及保險公司為 8/31 前)
第三季財報(Q3)	11/14 前 (保險公司為 10/31 前)
第四季財報及年報(Q4)	隔年 3/31 前
月營收報告	每月 10 日以前公布

■ 台股投資人行事曆

公布日期	公布內容
每年 1/10	公布去年 12 月的營收，這時投資人即可知道去年整年度公司營收狀況
每年 2/10	公布 1 月全月營收
每年 3/10	公布 2 月全月營收
每年 3/31 前	公布去年度第四季及去年全年財報，這時投資人即可知道去年全年 EPS
每年4/10	公布 3 月整月營收
每年5/10	公布 4 月整月營收
每年5/15	5/15 是公佈第一季財報的最後公布日
每年6/10	公布 5 月整月營收
每年7/10	公布 6 月整月營收
每年8/10	公布 7 月整月營收
每年8/14	8/14 是公佈第二季財報的最後公布日
每年9/10	公布 8 月整月營收
每年10/10	公布 9 月整月營收
每年11/10	公布 10 月整月營收
每年11/14	11/14 是公布第三季財報的最後公布日
每年12/10	公布 11 月整月營收

尋找最強成長股、價值股的工具

使用選股功能篩選條件

投資個股要賺錢，取決於投資人如何選擇業績好、股價風評好、又有成長潛力的「成長股」，以及可以期待股價上漲的「價值股」。

我在第 252 頁介紹了成長股的條件，你可以設定其中的「市值未滿 100 億日圓（約新台幣 22 億）」「營收成長率超過 20%」「營業利益率 10%」等標準，然後透過《公司四季報》來確認。

不過，在超過 3,000 間以上的上市公司中，要一間一間公司確認很費力。所以，我在這裡介紹樂天證券還有 SBI 證券方便的功能──「選股功能」。

「選股功能」可以設定市場、市值、產業等條件，一次搜尋符合條件的個股。只要運用這個功能搜尋潛在成長股的條件，就不需要閱讀厚重的《公司四季報》，大幅縮

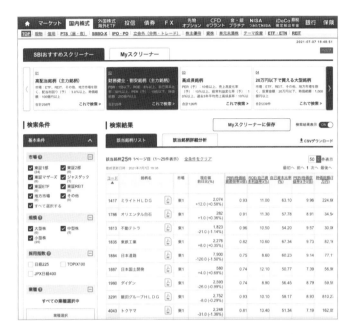

SBI 證券的選股功能（上圖）可依照屬性篩選出「高股息股票」「高成長股」等個股。每間證券公司的看盤軟體都有不同的選股功能，像是 MONEX 證券可以使用過去十年的資料變化來選股。

短尋找時間。

　　不過，有一點必須注意，那就是有可能遺漏搜尋條件以外的潛在成長股。比如說雲端類股是最近的趨勢，因此成為成長股，但那些公司的營業利益都是赤字，營收則有

成長的趨勢。所以，建議要時常改變部分條件，找出自己獨有的潛在 10 倍股搜尋條件。

另外，當你透過選股功能發現符合條件的個股時，不要馬上就「買進」，請先收集企業資訊，記住這只是開始而已。

以上就是運用選股功能尋找個股的方法，不過即便使用這個功能，憑一己之力收集個股資訊還是很辛苦。我建議你找其他投資夥伴組隊，互相交換資訊，應該能更有效率地找到投資標的。我也會在 YouTube 開直播與觀眾互動，歡迎來看看。

零股投資

T POINT 也可以投資！

　　第 252 頁有介紹過尋找潛在 10 倍股的方法，不過，也不是買了符合所有條件的個股，股價就一定會成長為 10 倍。有時候，很多個股並不受青睞，或是個股潛力早已反映在股價上，無法成為 10 倍股。

　　尤其現況是日本股市比美股還難期待股價成長，投資人很難找到好標的。

　　所以，我試著思考有什麼樣的方法，能提高掌握 10 倍股的機率。

　　別以為能百發百中，篩選出的一檔個股未必都能成為 10 倍股，股市可沒那麼容易看透。最佳解答還是「買多檔不同的潛在 10 倍股」。

　　話雖如此，散戶還有「財力」這個大障礙。大間的樂

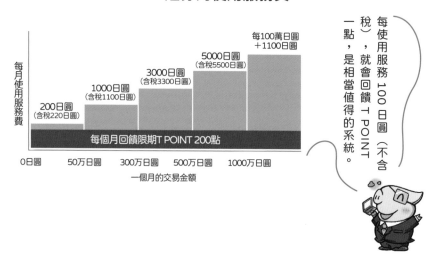

■ SBI NEOMOBILE 證券的使用服務費

每100萬日圓
＋1100日圓

5000日圓
（含稅5500日圓）

3000日圓
（含稅3300日圓）

1000日圓
（含稅1100日圓）

200日圓
（含稅220日圓）

每月使用服務費

每個月回饋限期T POINT 200點

0日圓　　50万日圓　　300万日圓　　500万日圓　　1000万日圓

一個月的交易金額

每使用服務費100日圓（不含稅），就會回饋T POINT一點，是相當值得的系統。

天證券、SBI 證券一次至少要買 100 股，如果要「買 10 檔不同的潛在 10 倍股」，那至少也要有 300 萬日圓（約新台幣 66 萬）的本金，我想應該很少投資人有這樣的財力吧。

因此，我想介紹透過 SBI NEOMOBILE 證券的零股投資，來建立 10 倍股投資組合的方法。

SBI NEOMOBILE 證券最少可以只買進 1 股，只要有 500 日圓（約新台幣 110 元）就能當股東。雖然每個月必須繳 220 日圓（約新台幣 48 元）的帳戶管理手續費，但

其中 200 日圓（約新台幣 44 元）會以點數形式回饋給投
資人，等於實際上每個月繳 20 日圓（約新台幣 4.4 元）就
能買賣股票（每個月的交易金額為 50 萬日圓〔約新台幣
11 萬〕以下時）。另外，投資人還能以 T POINT 取代現
金交易，有效運用日常生活中買東西累積的 T POINT。

要以 100 股為單位投資，並且建立 10 倍股的投資組
合，就會因為股價較高的個股比重很大而不平衡。假如將
來是比重小的個股成為 10 倍股，以整個投資組合來看，
獲利也會很小。

不過，要是能以 1 股為單位投資 10 檔個股，每一檔
都投入 1 萬日圓（約新台幣 2,200 元）的話，無論哪檔個
股股價翻 10 倍，都能以同等比重獲得收益。

那麼，只要能找到 1 檔 10 倍股，你的整個投資組合
資產就能翻倍，這樣就算是非常優秀的投資成績了。

運用「異常現象」
投資

沒有原因卻發生的市場現象

股票投資的世界裡有一個詞叫做「異常現象」，如同字面意思，指的是無法以投資理論說明，但卻經常發生的市場經驗法則。比方說，日本有一句格言是「首日休市沒好事」，指的是如果該月的第一天休市，通常第二天開市時股價會很動盪。雖然這個現象背後沒有依據也沒有邏輯，但實際上每次都會發生。

另外還有一個異常現象是「小型股效果」，指的是小型股組成的投資組合獲利高於市場平均。但在投資組合的理論中，大型股和小型股並沒有差多少。

聽到這裡，也許你會覺得這是靈異現象，不過實際上有很多投資人都會參考異常現象。這是因為許多投資人都認為股市會一再發生同樣的事，所以會根據過去的經驗法則來買賣股票。

　　我在第 2 章說過，在股票的世界，了解「投資人如何判斷」很重要。所以，就算你不利用異常現象，也要了解什麼時候會發生什麼現象，這樣才能當作買賣股票的判斷依據。我在下一頁整理了一整年的知名異常現象，歡迎多加參考。

■ 股票投資的異常現象年曆

月	異常現象	市場變化
1月	1月效果	・新年容易出現新投資，股價容易上漲。
		・1月的趨勢方向很容易成為一整年的趨勢方向。
		・1月的小型股比大型股更容易股價上漲。
	祝福行情	・在該年的第一個交易日，有很多人會買股票當作對自己的祝福。
2月	節分天花板	・月發布財報使題材出盡，股價容易在節分達到最高點，然後開始下跌。
3月	和春分地板	・股價在春分時寫下最低點，之後投資人為了股利買股，使股價再度上漲。
4月	4月效果	・日本的新年度從4月開始，日股容易上漲。
5月	鯉魚旗天花板	・股價因4月效果而上漲，投資人會在「兒童節」前後停利賣出，使股價慢慢下跌。
	黃金周效果	・黃金周通常在4月發布財報前後登場，股市會暫時休市，投資人受各種不同想法驅動，容易使股價變化劇烈。
	Sell in May	・5月是避險基金發布財報的時期，5月之後整體股價容易往下走。所以最好在5月賣股。原先是在美國關於投資股票的格言（sell in May）。
6月		
7月	夏日上漲	・投資人會買績優股迎接7月至9月的暑假，所以股價容易上漲。
8月	夏日枯竭	・國外的暑假和日本的盂蘭盆節連假重疊，股市交易不活絡，股價低迷。一點點題材的風吹草動都容易讓股價劇烈變動。
9月	9月行情	・全球股價容易在9月下跌。很適合布局11月期中財報發表。
10月	萬聖節效果	・國外投資人迎接避險基金的財報，會大量賣股，使股價容易下跌。美國除了5月賣股，還有一句「10月買，4月賣」。
11月		
12月	節稅行情	・有些投資人會為了節稅而賣掉帳面虧損的股票，股價容易下跌。
	聖誕節上漲	・股價容易在聖誕假期（年底的最後五個交易日至新年的第二個交易日）上漲。

後記
以投資增加人生樂趣

■ 如果找到好個股……

本書介紹了技術面分析、基本面分析、財報解讀方法等各種投資股票的基礎知識。每個投資人對於技術面分析和基本面分析都有各自的偏好（我自己是比較喜歡基本面分析），不過結合運用這兩種分析方法，能創造更好的獲利。

假設你接下來要使用本書介紹的選股工具，從基本面分析來尋找個股。那麼，即使你找到了不錯的個股，當下也未必就是適合買進的時機。請你運用本書介紹的技術面分析，重新以客觀角度分析「現在是否適合買進」「RSI指標」「現在的趨勢方向」等面向。如果你判斷現在還不適合買進，就等待適合買進的時機到來吧！投資領域有一句格言是：「投資的最佳方法，就是等待。」投資並不是持續不斷地買賣，有時候耐心等待也很重要。

■ 我重視的是？

這本書大致介紹了技術面分析和基本面分析，不過

每個投資人重視的指標都不盡相同。我自己在做基本面分析時，特別重視「營業收入」和「營業利益」，因為這兩項最能直接反映出企業的「事業規模的成長」和「收益能力」。然後，在做完基本面分析後，我會將有興趣的個股加進自選清單，在評估買進時機時通常會看「RSI」指標。對於投資新手來說，要背各種線圖形狀、每天看各式指標很辛苦，不過 RSI 指標很簡單，「20% 以下是賣壓過強、80% 以上是買氣過熱」，對投資新手來說也很方便使用。

◢ 如果錯過買進時機

投資股票有時候會在找到不錯的個股後，想說要等待適合的買進時機，結果股價卻一路漲，最終錯過最佳買進時機。根據我的經驗，這種時候要是焦急地買進，往往會買在最高點。如果你以後遇到「錯過買進時機」的狀況，就當作跟這檔個股無緣吧！日本光是上市企業就有將近四千間，再加上外國股，可說是標的多如繁星，我們不需要在這之中執著於「偶然發現的個股」。如果你發現自己錯過了買進時機，那就繼續找其他個股吧。

◢ 投資終究只是手段

我在 YouTube 發布的影片中，常有人問我「該做什

麼樣的投資才好？」我認為投資只是「增加財富的手段」，更重要的是先了解自己為了什麼投資。比如說，有人的目標是「3 年後要換車，需要 300 萬日圓（約新台幣 66 萬）」，那其實只要每個月存 10 萬日圓（約新台幣 2.2 萬）就好，不需要特地去投資冒風險。每個月存 10 萬日圓（約新台幣 2.2 萬），36 個月就能存到 360 萬日圓（約新台幣 79 萬），完全能存到足夠資金。請不要一味投入個股投資來接受風險或獲利，而是選擇適合實現目標的投資手段。而且，如果投資日股，就可能必須在上班時間的上午 9:00 到下午 3:00 間關注股價變動，要是承受不了股價變動，就會因此產生壓力。為了避免這種事情發生，投資人也應該和投資保持適當的心理距離。

我剛開始投資時，也經常在上班時間跑去廁所，心情隨著股價起伏。但是，如果原本就打算長期投資，也不會頻繁買賣股票的話，「根本不需要這麼仔細看盤」，在逐漸調整心態後，我現在的原則已經變成等到下午三點收盤，股價不再變動之後才看盤。

◢ 給看完這本「攻略」的你

本書所介紹的股票投資基礎知識，都是我反覆失敗後學習到的收穫。希望你能運用這些知識，避免無謂的失敗

和虧損。除此之外，也希望你運用這些知識，在投資中體會「投資股票的樂趣」。現在線上投資的環境條件完備，股市早已成為全球法人、散戶共襄盛舉的線上金錢遊戲。每個投資人都把自己擁有的知識當作武器，尋找獲利的機會。當然，股市有賺有賠，不了解「投資原則、基礎、戰術」的投資新手，賠錢也可以說是理所當然的結果。但是，當你看完這本書，就代表你已經掌握股市線上遊戲的「攻略」，準備好一同參與這場遊戲。股市最大的魅力，就在於把自己擁有的知識當作武器，預測股價，並在預測成真時獲利。希望你能從本書獲得知識，當作武器參加股票投資線上遊戲，體會投資股票的樂趣。

我剛才說「投資終究只是手段」，但我希望「投資不只是增加財富的手段」，希望「投資也能成為增加人生樂趣之一的手段」。

祝各位的投資人生幸福美滿！　Pontiyo

- 本書的資訊截至 2021 年 6 月 30 日止，名稱和數字等資料在這之後可能會變化。

- 本書的目的是提供有益於投資的資訊，並不代表作者和出版社推薦特定個股。請根據自身判斷進行投資。針對基於本書資訊進行投資的結果，作者和出版社概不負責。

投資贏家系列 071

社畜的股票攻略說明書
月收 2 萬 5，也能讓可愛的錢一直流進來

年収 350 万の会社員でも堅実にできる投資術 2 倍株をつかめ！儲かる株のトリセツ

作　　　者	Pontiyo	
譯　　　者	張瑜庭	
編　　　輯	蔡宜庭、許訓彰、陳家敏	
審　　　定	馮震凌	
總 編 輯	許訓彰	
校　　　對	蔡宜庭、許訓彰、陳家敏	
行銷經理	胡弘一	
企畫主任	朱安棋	
行銷企畫	林律涵、林苡蓁	
印　　　務	詹夏深	
封面設計	林木木	
內文排版	李偉涵	

出 版 者	今周刊出版社股份有限公司
發 行 人	梁永煌
社　　長	謝春滿

地　　址	台北市中山區南京東路一段 96 號 8 樓
電　　話	886-2-2581-6196
傳　　真	886-2-2531-6438
讀者專線	886-2-2581-6196 轉 1
劃撥帳號	19865054
戶　　名	今周刊出版社股份有限公司
網　　址	http://www.businesstoday.com.tw

總 經 銷	大和書報股份有限公司
製版印刷	緯峰印刷股份有限公司
初版一刷	2023 年 3 月
定　　價	380 元

國家圖書館出版品預行編目 (CIP) 資料

社畜的股票攻略說明書：月收 2 萬 5, 也能讓可愛的錢一直流進來 /Pontiyo 作；張瑜庭譯 . -- 初版 . -- 臺北市：今周刊出版社股份有限公司 , 2023.03
　　面；　公分 . -- (投資贏家系列；71)
　譯自：2 倍株をつかめ！儲かる株のトリセツ：年収 350 万の会社員でも堅実にできる投資術
　ISBN 978-626-7266-02-1(平裝)

1.CST: 股票投資 2.CST: 投資技術 3.CST: 投資分析

563.53　　　　　　　　　　　　111021194

NENSHU 350MAN NO KAISHAIN DEMO KENJITSU NI DEKIRU TOSHIJUTSU 2BAI WO
TSUKAME ! MOKARU KABU NO TORISETSU by Pontiyo
Copyright © 2021 by Pontiyo
Original Japanese edition published by Takarajimasha, Inc.
Traditional Chinese translation rights arranged with Takarajimasha, Inc.
through Keio Cultural Enterprise Co., Ltd., Taiwan.
Traditional Chinese translation rights © 2023 by Business Today Publisher